AF278090

El Rey

Colección
Clásicos del Pensamiento

Fundada por Antonio Truyol y Serra

Director:
Eloy García

Manuel García-Pelayo

El Rey

Mi vivencia personal con García-Pelayo por
Felipe González

Nota editorial de
Eloy García

Estudio de contextualización de
Javier Tajadura

SEGUNDA EDICIÓN

1.ª edición, noviembre 2024
2.ª edición, febrero 2026

Reservados todos los derechos. El contenido de esta obra está protegido por la Ley, que establece penas de prisión y/o multas, además de las correspondientes indemnizaciones por daños y perjuicios para quienes reprodujeren, plagiaren, distribuyeren o comunicaren públicamente, en todo o en parte, una obra literaria, artística o científica, o su transformación, interpretación o ejecución artística fijada en cualquier tipo de soporte o comunicada a través de cualquier medio, sin la preceptiva autorización.

© herederos de Manuel García-Pelayo
© de «Mi vivencia personal con García-Pelayo», Felipe González, 2026
© de la nota editorial, Eloy García, 2026
© del estudio de contextualización, Javier Tajadura, 2026
© EDITORIAL TECNOS (GRUPO ANAYA, S.A.), 2026
Valentín Beato, 21 - 28037 Madrid

PAPEL DE FIBRA
CERTIFICADA

ISBN: 978-84-309-9408-3
Depósito Legal: M-26619-2025

Printed in Spain

ÍNDICE

EL REY
por *Manuel García-Pelayo*

I

II

NOTA EDITORIAL

LAS RAZONES DE UNA EDICIÓN

Cuando el olfato investigador de Francisco Vila puso en mis manos los textos inéditos de don Manuel García-Pelayo sobre la Constitución española de 1978 para que pudiera valorar su eventual publicación en *Clásicos del Pensamiento*, confieso que me quedé un tanto sorprendido y hasta en cierta medida desazonado, por el menguado tratamiento que en aquellos papeles recibía la monarquía. Algunas referencias dignas de ser tenidas en cuenta, pero dichas de pasada y sin una consideración de fondo que la anclara intelectualmente como institución en el constitucionalismo democrático posmoderno, era todo lo que el libro *Inéditos sobre la Constitución* que vendría luego, dedicaba a la Corona. Se trataba de un vacío que chocaba frontalmente con el amplio espacio dedicado a otros temas y que no cuadraba en absoluto con la idea que yo me había hecho acerca del pensamiento constitucional del autor.

Había tenido oportunidad de conocer personalmente a don Manuel y de viva voz le había escuchado ponderar la importancia de la Monarquía en la Transición e insistir, con el énfasis que sabía poner en todo aquello en que creía firmemente, en la utilidad del papel del Rey para la correcta marcha del juego institucional detallado en la Constitución. De su boca había oído que la razón de ser de la monarquía en la España de 1978 no podía ser otra que su funcionalidad efectiva para la democracia, y eso era decir mucho para un republicano de los pies a la cabeza y rigurosamente coherente que dominaba y estaba perfectamente al corriente de las construcciones de Niklas Luhmann en materia de legitimidad. Por su testimonio directo sabía que García-Pelayo valoraba particularmente la aportación de la monarquía a la estabilidad de la democracia que tanto le inquietaba, toda vez que en su juventud conoció —había «tocado con los ojos» que diría un florentino— dos sucesivas experiencias traumáticas en Austria en 1934 y en España en 1936/1939, que le marcaron definitivamente y que incorporó a su colosal *background* de iuspublicista.

Y es que don Manuel García-Pelayo fue un constitucionalista de talla excepcional que desde su profundo fondo cultural humanista, supo articular una reflexión normativa integrada por tres factores de igual peso: un dominio del pensamiento político sin parangón para los profesores de su generación, un cabal manejo de las categorías jurídicas completamente al cabo de las aportaciones de la mejor doctrina comparada repetidamente *aggiornato* y la inmensa *sagesse* que le deparaba la atenta observación de las experiencias prácticas de la vida política que fundamentaban lo que en estos escritos se denomina «reglas del juego político».

La respuesta a mi perplejidad vino cuando su sobrino Luis Soriano a través del profesor Joaquín Abellán —uno de los autores que hacen posible que *Clásicos del Pensamiento* siga en pie y a quien Tecnos debe tanto— me hizo saber que aparecidos en los archivos familiares tres nuevos inéditos de don Manuel en forma de dictámenes dirigidos al Rey y ofrecidos también —al menos uno de ellos— al entonces líder de la oposición socialista Felipe González, era su voluntad y la de sus dos hermanas Cristina y Carolina, que junto a don Nicolás Pérez-Serrano Jaúregui representaban a su viuda doña Graciela, que aparecieran publicados en *Clásicos del Pensamiento*, dando continuidad así a lo ya hecho en el libro anterior de esta colección y subrayando especialmente el interés familiar para que los textos de García-Pelayo fueran cuidadosamente enmarcados en su particular circunstancia discursiva, dato que justamente es la nota distintiva de nuestra colección.

Éste fue el motivo por el que se encomendó al profesor Javier Tajadura el estudio conceptual que acompaña a este libro y que glosa argumentalmente los tres dictámenes que lo integran. Dictámenes o pareceres de una *auctoritas* incuestionable, que mantienen ente sí un invisible hilo de continuidad discursiva al servir para conceptualizar la dimensión esencial de la monarquía en el juego práctico de los acontecimientos políticos. Un juego efectivo —característico de la *verità effettuale* de las cosas— en el que el Rey de la Constitución española no es ni el monarca neutral de la Constitución sueca de 1974, ni por supuesto el rey gubernamentalizado que el fascismo de Mussolini diseñará aposta para Víctor Manuel III de Saboya y que agotaría existencialmente el tiempo de la monarquía en Italia haciéndola aparecer como un trágico pasmarote de imposible recuperación democrática, tanto en la pirueta de Brindisi y la lugartenencia general del reino como en la sucesión de Humberto II, el llamado *Re di maggio*.

A diferencia de ambos supuestos teórico-prácticos, el monarca español es un órgano con atribuciones no estrictamente políticas —y mucho menos en el sentido inadecuado que el término ha adquirido últimamente de sinónimo de lucha por el poder como dominación— pero sí dotado de atribuciones político-constitucionales perfectamente determinadas y llenas de su propio contenido que proyectan en la práctica la dimensión intelectual de una figura institucional funcionalmente operativa.

El Rey es para García-Pelayo, un actor constitucional y no un convidado de piedra. Un actor de primera dimensión que cumple con una misión constitucional cuya importancia y sentido exacto sólo es posible comprender en el conjunto del juego institucional y al que, a semejanza del presidente republicano italiano estudiado por Paolo Barile, le compete una tarea de *indirizzo costituzionale* que no solamente resulta compatible con la democracia, sino que, en España, la favorece y le confiere estabilidad de manera muy acusada. Y ésta es una consecuencia clara que se deduce limpiamente de la lectura de este libro.

Pero más allá de consideraciones teórico-prácticas sobre la posición institucional y la definición funcional de la Monarquía en el pensamiento constitucional de Manuel García-Pelayo, los tres dictámenes que conforman este libro sirven a tres propósitos adicionales, a mi juicio, enormemente relevantes.

1.º Dejan al descubierto unos antecedentes genealógicos (que no arqueológicos) de la Constitución de 1978, que prueban fehacientemente que nuestra Carta Magna tuvo padres que de una manera u otra —y más allá de sus redactores fundacionales oficiales— también contribuyeron intelectualmente con propuestas concretas a su elaboración en medio de la ferviente atmósfera del debate constitucional que entonces se fraguó y en la que García-Pelayo tuvo un papel discreto que correspondía plenamente a su idiosincrasia, pero bastante más importante de lo que posteriormente se ha querido reconocer, como se aprecia claramente en los pronunciamientos que aquí se recogen sobre la Corona, que transcienden a la institución y que afectan, por ejemplo, a la alternativa entre una Constitución extensa u otra breve desarrollada a través de leyes orgánicas de una naturaleza diferente a la que luego se impondrían en el texto de 1978.

Eso quiere decir, además de que don Manuel trabajó en la Constitución directamente a través de su propia pluma y sin más colaborador que su propio saber, que los problemas del momento llevaron a las soluciones que entonces se plasmaron en la Constitución en conflicto con otras alternativas técnicas posibles, pero que o no parecieron instrumentalmente apropiadas, o carecieron del imprescindible consenso para salir adelante. Un consenso que en democracia es la regla que preside la elaboración de una Constitución y un consenso que, dicho sea de paso, pero no fuera de propósito, hoy parece amenazado en España por el intento de introducir reglas que desconocen los quórums que exige la asunción colectiva de verdades y principios que Rawls señala en su *Liberalismo político* como fuente legítima del poder Constituyente.

Y es que con sus aciertos y errores la Constitución de 1978 ha sido un éxito, está viva y lo que es más importante llena de viveza, es decir, contiene potencialmente soluciones efectivas para afrontar con espíritu de solución los problemas de la vida actual y quienes pretenden sustituirla no disponen de alternativa posible, sino que sólo ofrecen la disrupción como alternativa. Y nótese muy especial-

mente que la disrupción —palabra hoy en boga
que habitualmente se maneja promiscuamente y
sin entender bien lo que representa o significa—
supone destruir sin construir (exactamente lo contrario que afirmaba Condorcet para la revolución
y nada que se asemeje a una contrarrevolución) y
que en definitiva equivale a la ruptura del pacto
cívico y del contrato social en favor de un estado
de caos social hobbesiano que se traduce exactamente en la aniquilación de la convivencia misma,
a la sustitución de la Política por la fuerza. De una
fuerza que en el siglo XXI no sólo procede de la
coacción física, sino también del miedo que pro-
voca en la imaginación humana la imagen simulativa del mal que acecha ineluctable.

2.º   Permite comprobar la importancia que los
arquetipos y las concepciones de fondo tienen para
construir el contenido sustancial (la definición intelectual que les confiere su razón de ser) de las
instituciones que cuando pierden las esencias que
las informan y les dan vida, o las corrompen, se
transforman en meras formas sin contenidos que
vagan fantasmalmente en el mundo político y que,
como tales, son susceptibles de servir para un roto
y un descosido, es decir, de cumplir un fin o exactamente el contrario.

En este punto, la aportación de García-Pelayo
aquí recogida, sirve para desentrañar la naturaleza
esencial de la monarquía en la Constitución española de 1978 estrictamente vinculada a una funcio-

nalidad práctica que le permite operar neutralmente entre los partidos sin ser por ello en sí misma un órgano neutralizado. Una neutralidad operativa que hace del Rey un actor de presente y no un espantajo del pasado, que con su acción revalida continuamente su legitimidad democrática.

Más allá de servir para identificar los rasgos tipológicos de la monarquía en la Constitución española y conocer los límites que no pueden ser sobrepasados so pena de incurrir en una desnaturalización de la institución, susceptible de convertirle en un puro formalismo vacío y sin contenido presto a la manipulación —que en política tanto abunda— del estilo de la que sin ir más lejos nos lleva a la Monarquía gubernamentalizada anteriormente referida, los dictámenes de García-Pelayo permiten distinguir la diferencia entre lo sustancial y lo accidental en la posición constitucional del Rey y tomar partido con el suficiente *background* sobre las polémicas actuales acerca del papel de la monarquía como órgano constitucional, en el entendimiento de que la función de la monarquía española no queda constreñida sólo a las atribuciones marcadas por el artículo 99 CE, sino que además de en este delicado menester, se proyecta también en otras funciones constitucionales no por ello menos relevantes.

3.º   Hace posible captar mejor lo que García-Pelayo entendía por Derecho constitucional, es decir, permite remachar más si cabe todavía desde un apoyo textual evidente, la idea de que don Manuel era un constitucionalista de los pies a la cabeza que entendía la disciplina que practicaba como un punto de encuentro de saberes metodológicamente muy diferentes. Y esto es muy importante recordarlo en un momento como el actual, cuando el Derecho Constitucional que practican los estudiosos de la materia ha quedado reducido a una cansina labor de repaso manierista de una jurisprudencia constitucional chata y la más de las veces escrita en un lenguaje-jerga indescifrable para los no iniciados (un positivismo jurisprudencial ramplón y autorreferencial en palabras de Gomes Canotilho), porque la extraordinaria inteligencia creativa de García-Pelayo nos muestra otro camino por el que deberá discurrir el estudio de nuestra disciplina si es que pretendemos salvar la democracia en un momento en que son numerosos los desafíos que soporta.

Y esto es sumamente importante porque la personalidad y obra de don Manuel García-Pelayo son, junto con la figura de don Nicolás Pérez Serrano —catedrático de Derecho Político de Madrid durante treinta años— la gran aportación que España hará al constitucionalismo europeo en el siglo xx. La obra de ambos es de una dimensión colosal que no tiene nada que envidiar a los trabajos de los grandes maestros de las doctrina francesa, alemana o italiana del siglo xx, los Duguit, Hauriou o Carré de Malberg, Anschütz, Thoma, Santi Romano, Pierandrei, Mortati o Crisafuli.

Una dimensión y una talla que las excepcionales condiciones antidemocráticas de su propia patria y —no nos olvidemos— el canibalismo que practica una doctrina científica nacional frecuentemente acomplejada y con no demasiado fuste intelectual (España es un país fuerte en hechos y débil en creaciones del pensamiento), ha impedido el reconocimiento mundial que merecen. Por eso ahora que ya están muertos y no pueden despertar envidias cainitas tal vez sea posible situarlos en el lugar que en justicia les pertenece y colocar sus obras, entre ellas esta que ahora tenemos el honor de publicar en *Clásicos del Pensamiento* de Tecnos, en el sitial que les corresponde en el Derecho constitucional del pasado siglo y del que, los que ahora practicamos la disciplina, debemos sacar las enseñanzas oportunas para poder saber por dónde tirar en momentos de incertidumbre y zozobra, como en los que estamos y seguramente nos aguardan.

Para finalizar, las especiales circunstancias que rodean el hallazgo de los dictámenes que componen este libro, me llevan a una reflexión personal que nunca había introducido en los anteriores ciento ochenta y cinco que componen la colección. Conocí personalmente y traté un poco a don Manuel, como ya dije, gracias a la familiaridad que unía a los míos con los tres hermanos de su primera esposa Mercedes Fernández Vázquez-Pimentel, que formaban parte del pequeño grupo republicano de Lugo. De éstos —sus cuñados Carlos, José y Luis cuya preocupación cultural junto a la de otros muchos daría lugar a productos como la revista *Ronsel*— recibí alguna referencia codificada de don Manuel. Y así, en el recuerdo borroso que tengo de ellos y demás amigos lucenses, como mi abuelo Liborio García Castro, Toto Fernández Higueras o Arnaldo Moyer, debo decir que todos destacaban unánimemente un rasgo de carácter de García-Pelayo particularmente acusado, su acendrado sentido de la lealtad. Una lealtad férrea, indomable para con sus amigos y convicciones, que en la última fase de su vida y contra su voluntad le llevaría a aceptar un cargo que no buscó porque no quería y en el que no sentía en absoluto realizado, una vocalía primero, dentro del tercio correspondiente al Senado, e inmediatamente después la presidencia del Tribunal Constitucional. Una magistratura que entendió como el pesado deber que un republicano honesto no podía negar nunca a su patria y menos en el preciso momento en que se tornaba realidad el gran sueño de su vida: la llegada de la democracia. Un sentido del deber cuyo cumplimiento le deparó terribles costes morales que no es cosa analizar aquí, pero que no deben ser olvidados ni menospreciados.

Como colofón quiero agradecer muy calurosamente a doña Graciela Soriano de García-Pelayo que una vez más haya confiado en *Clásicos del Pensamiento* de Tecnos para la publicación de la obra inédita de su marido, y a don José Antonio Zarzalejos y al presidente Felipe González la ayuda y colaboración prestadas en las diferentes fases de la edición de este libro.

ELOY GARCÍA
Director de *Clásicos del Pensamiento*

A PROPÓSITO DE LA SEGUNDA EDICIÓN

La acogida dispensada a la primera edición del libro *El Rey* de Manuel García-Pelayo por el mundo académico nacional e internacional, obliga a preparar otra segunda que incorpora una novedad: una presentación en forma de *vivencia personal* escrita expresamente para la ocasión por el presidente Felipe González. Lo que de algún modo da pie a profundizar en la reflexión editorial inicial sobre la excelente acogida que entre la opinión ilustrada y la doctrina constitucional está teniendo este libro, como atestigua, por ejemplo, el capítulo IV del libro de José Antonio Zarzalejos, *La Huella de Sánchez*.

En este sentido convendría recordar dos circunstancias íntimamente entrelazadas que promueven esta segunda edición: la relativa novedad del tratamiento constitucional que informa los tres dictámenes de García-Pelayo que lo integran y, por paradójico que pueda parecer dada su fecha de redacción que data de casi cuarenta años atrás, su propósito de colmar una laguna doctrinal existente en el asunto tratado.

No existen en el Derecho constitucional español trabajos que aborden suficientemente el papel que le corresponde desempeñar a la Corona en nuestra vida política, desde una óptica que se centre en el estudio de los problemas que al Rey se le presentan cotidianamente como órgano constitucional concreto.

Tras la aprobación de la Constitución en 1978, nuestros estudiosos abrazaron decididamente —casi como manual único de trabajo— el culto a una jurisprudencia constitucional que renunciaba a cualquier lectura que no resultara susceptible de quedar reducida a un tipo de sentencia en la que el fallo importaba más que su razonamiento y fundamentación en derecho. Algo que se alejaba radicalmente de la tarea que el propio García-Pelayo en su importante y postrero ensayo «*El "status" del Tribunal Constitucional*», señalaba como función propia del Tribunal que entonces emergía. Ello determinó que quedaran fuera del interés doctrinal todas las cuestiones que no eran susceptibles de control jurisdiccional y que aparentemente no resultaban polémicas. Y la Corona parecía el ejemplo arquetípico de semejante visión.

El resultado ha sido el que todos sabemos: un entendimiento de la Constitución superficial y fragmentado, ajeno a la menor definición identitaria democrática, culturalmente plano y susceptible de amparar desde la lectura de sus artículos cualquiera interpretación, por peregrina y contradictoria que pudiera resultar. Una parodia que justificaba todo sin legitimar nada y que ahora resulta inútil para afrontar los problemas políticos de nuestro estado de turbanza.

Justamente es en esta situación de crisis en el estamento gobernante y no en la sociedad, cuando la Monarquía, la única institución que con la abdicación del anterior monarca ha asumido la necesidad de autorenovarse, se topa frontalmente con una serie de problemas, de entre los cuales no es el menor la necesidad de evitar convertirse en un Rey gubernamentalizado, que sólo pueden encontrar respuesta democráticamente apropiada en la Constitución de 1978.

Se trata una cuestión que requiere de una respuesta constitucional en una nueva relectura del texto original, porque la actualmente imperante se ha ido olvidando poco a poco de los fondos para quedarse aferrada a ciertas desvencijadas formas, tal vez adecuadas para servir a las demandas del momento, pero que dejan irreconocible muchos de sus preceptos a fuerza de echar encima toda una costra de malos usos y lo que es peor, favoreciendo una interpretación simulativa (Blühdorn) que ha terminado haciendo que la Constitución resulte incapaz de resolver los graves problemas democráticos que nos acucian, que no deben confundirse con los problemas típicos de la lógica del poder y el mando.

Es entonces cuando entra en juego la aportación de García-Pelayo que al igual que en el anterior *Inédito sobre la Constitución de 1978* (n.º 170 de esta colección), nos dice en este libro completamente pegado al momento de redacción de la Constitución, qué fue aquello que realmente discutieron los españoles cuando aprobaron el texto que previamente habían impulsado consensuadamente como única alternativa a un franquismo que se había agotado con la muerte de su fundador.

De esta manera, treinta y cinco años después de su muerte el 25 de febrero de 1991, lejos de la patria a la que tanto amó, la pluma de don Manuel García-

Pelayo sigue siendo útil para afrontar los desafíos que a la monarquía que encarna Felipe VI plantea un siglo XXI que en el querer mayoritario de los españoles debe seguir siendo democrático, lo que significa constitucional y legítimo.

Eloy García
Director de *Clásicos del Pensamiento*

EL REY

POR MANUEL GARCÍA-PELAYO

MI VIVENCIA PERSONAL
CON GARCÍA-PELAYO

En ocasiones, las grandes construcciones se forjan desde minúsculas anécdotas que retenemos en la memoria y que luego nos sirven para explicar categorías generales, o dar cuenta de la ejecutoria que ha venido guiando la existencia de cada uno. Tal es el caso del pequeño consejo que dio origen al primero de los dictámenes de Manuel García-Pelayo que componen este libro, *El Rey*.

Conocía a Manuel García-Pelayo de tiempo atrás. Manteníamos una relación de verdadera amistad personal bastante intensa y de enorme empatía. Por encima del autor del *Derecho Constitucional Comparado* que todos los estudiantes de una Facultad de Derecho española habíamos manejado alguna vez,

García-Pelayo era para mí un amigo en el sentido cabal de la palabra.

Por eso no tuvo nada de extraño que cuando se preparó el primer viaje oficial del Rey a Venezuela, en tiempos de Adolfo Suárez, el monarca me consultase sobre a quién debería saludar. Entonces había la costumbre, que no sabría decir si se seguirá practicando todavía, de que el líder de la oposición era también parte del gobierno para las cuestiones de Estado y participaba en la construcción del programa de las visitas.

En ese sentido, además de recomendarle que siguiera el programa habitual de reunirse con la colonia española y sus diferentes personalidades, se me ocurrió decirle que debería conocer a Manuel García-Pelayo, republicano español y gran jurista. Una suerte de exiliado intelectual del franquismo, constitucionalista de enorme prestigio en España y América, maestro de varias generaciones y asesor privilegiado de todos los presidentes democráticos venezolanos durante el período constitucional, desde los tiempos iniciales de Rómulo Betancourt.

Pero junto al consejo al monarca, me pareció conveniente hacerle también una advertencia previa. «No haga caso S.M. en admitir todo lo que el profesor defiende, porque García-Pelayo es partidario de que el Rey asuma expresos poderes de moderación entre los actores políticos, potestad que la Constitución no le va a atribuir. Aspira a incrementar el poder de la Corona en la Constitución respetando y aceptando siempre la regla de juego de la monarquía parlamentaria. García-Pelayo es partidario de que la Constitución sobrepase lo que la Constitución va a ofreceros como monarca, porque no puede y no debe hacerlo. En eso no se deje llevar más allá.»

No quería decir que García-Pelayo no tuviera razón en su planteamiento de que el poder del jefe del Estado tenía que trascender en la tarea de moderar conflictos, algo que no cabía en la España que estaba discutiendo una Constitución que aceptaba la monarquía como Forma Política del Estado. A mi juicio, no era posible atribuir poderes de mediación al monarca en la Constitución que estábamos construyendo. Posiblemente la visión de García-Pelayo fuera ajustada doctrinalmente y pudiera tener dimensión de futuro, pero en aquel momento no resultaba políticamente aceptable y, por tanto, no era conveniente propugnarla.

Lo que pretendo decir es que García-Pelayo quería incrementar los poderes del Rey, sin apreciar las particulares circunstancias de un momento en que España pasaba a ser una monarquía democrática, dejando atrás el ideal de República.

Por lo demás, García-Pelayo era un republicano y un demócrata de una pieza. Había luchado por la Republica y fue encarcelado a su terminación. Era un patriota que no albergaba más anhelo que procurar que España pudiera recuperar la democracia y que los españoles supiéramos construir una convivencia en paz. Ideales que se recogen muy bien en los breves datos biográficos que se aportan en este libro.

Cuando llegó el momento de la visita, el, entonces presidente de Venezuela organizó un almuerzo oficial en la *Casona*, residencia de los jefes de Estado venezolanos, a la que rogó asistieran una hora antes el Rey y García-Pelayo. Los tres departieron amigablemente y de esa conversación salió justamente el encargo del dictamen que forma parte de este libro como capitulo primero. Poco después, como atestigua la correspondencia recogida, yo recibí en Madrid el texto que previa autorización explicita del Rey a través del jefe de su casa —marqués de Mondejar— amablemente me compartía Manuel García-Pelayo.

Felipe González
Presidente del Gobierno de España 1982-1996

CORRESPONDENCIA CRUZADA EN RELACIÓN CON LOS DICTÁMENES QUE COMPONEN ESTE LIBRO

A continuación se incorporan las cartas que atestigüan el diálogo mantenido entre la Zarzuela, Felipe González y Manuel García-Pelayo en los prolegómenos de la aprobación de la Constitución de 1978, sobre el papel del monarca en el régimen parlamentario, así como del acuse de recibo real que data la fecha de recepción del segundo informe de García-Pelayo sobre el 23 de febrero de 1981. Con toda seguridad existe más correspondencia al respecto que hasta dónde sabemos no se ha conservado. En todo caso sirvan estos textos de testimonio del debate sobre el papel de la Corona en que surgieron estos dictámenes.

EL JEFE DE LA CASA DE
S. M. EL REY

1. CARTA DEL MARQUES DE MONDÉJAR, JEFE DE LA CASA DE S.M. EL REY A DON MANUEL GARCÍA-PELAYO

EL JEFE DE LA CASA DE
S.M. EL REY

Palacio de la Zarzuela
MADRID, 4 de noviembre de 1977

Señor Don
MANUEL GARCÍA-PELAYO
CARACAS

Mi querido amigo:

Tengo mucho gusto en acusar recibo de su carta fecha 14 de los corrientes, comunicándole que he informado de la misma y he entregado a SU MAJESTAD EL REY los informes que la acompañaban,

habiendo recibido el encargo de comunicarle que
S.M. no tiene inconveniente en que envíe el trabajo
a que se refiere a Don Felipe González en la forma
que sugiere en la suya.

Cumplo, con mucho gusto, el encargo recibido
de S.M., y quedo suyo atento y afectísimo amigo,

MARQUÉS DE MONDÉJAR
General de Caballería

2. CARTA DE DON MANUEL GARCÍA-PELAYO A DON FELIPE GÓNZALEZ

Caracas, 18 de noviembre de 1977

Señor
Don Felipe González
MADRID-ESPAÑA

Mi distinguido amigo: aunque con mucho retraso, por motivos que le explicaré verbalmente, le envío el adjunto escrito sobre problemas constitucionales, si bien temo que dado el tiempo transcurrido su eficacia sea dudosa. Tal como usted había previsto hablé con el Rey a quien le dije las mismas cosas que a usted cuando nos vimos en Caracas. Le he mandado un informe que coincide en su contenido con el que acompaña a esta carta.

Como usted podrá observar doy mucha importancia a la Constitución, pero creo que para la estabilidad de un régimen democrático, en los tiempos presentes, tiene tanta importancia o más que ella el sistema de partidos y de organizaciones de intereses o, dicho de otro modo, el mantenimiento del régimen dependerá del debido acoplamiento entre los órganos constitucionales y los principales actores políticos.

Quizá le sorprenda que en mi escrito se realza la posición y función del Rey. Soy consciente de que ello puede implicar riesgos, pero se trata de un riesgo calculado. Por lo demás, me inclino a pensar que el Rey se sentirá plenamente legitimado el día en que cuente con un gobierno socialista o con participación socialista.

No creo que sea necesario insistir sobre la compatibilidad de la Constitución con la necesidad de un Estado fuerte, es decir, dotado de capacidad real de autodeterminación, pues de ello ya conversamos en Caracas.

Rogándole de nuevo disculpas por la tardanza le saluda muy atenta y afectuosamente.

MANUEL GARCÍA-PELAYO
Director

LA ZARZUELA

—

MADRID

3. CARTA DE S.M. EL REY A DON MANUEL GARCÍA-PELAYO

19 de mayo de 1981

Mi querido Presidente.

He leído con todo detenimiento e interés el magnífico y documentado informe que me ha hecho llegar y que conservaré con gran aprecio, pues puede llegar a ser de una gran utilidad.

En todo caso y aun cuando esa utilidad práctica no fuera necesaria, sus conclusiones me llenan de satisfacción y le expreso mi profundo agradecimiento por este trabajo que constituye un ejemplar análisis jurídico y constitucional.

Con un abrazo.

EXCMO. SR. D. MANUEL GARCÍA-PELAYO Y ALONSO
PRESIDENTE DEL TRIBUNAL CONSTITUCIONAL
MADRID

PRIMER DICTAMEN

CONSIDERACIONES
SOBRE LA CONSTITUCIÓN POLÍTICA
DE ESPAÑA

I

1. SOBRE LA IMPORTANCIA RELATIVA DE LA CONSTITUCIÓN.
2. SOBRE LA URGENCIA DE LA CONSTITUCIÓN.
3. VALORES POLÍTICOS Y EXIGENCIAS ORGANIZATIVAS.

II

1. DERECHOS FUNDAMENTALES.
2. FUNCIONES DEL PARLAMENTO.
3. EL GOBIERNO Y SU PRESIDENTE.
4. EL REY.
5. ORGANIZACIÓN TERRITORIAL.
6. LA JURISDICCIÓN CONSTITUCIONAL.

CONSIDERACIONES
SOBRE LA CONSTITUCIÓN POLÍTICA
DE ESPAÑA

Este escrito sobre la futura Constitución política de España consta de dos partes: en la primera, se desarrollan unas reflexiones sobre ciertos principios directivos que, a nuestro juicio, deben presidir la redacción de la Constitución; en la segunda, se examinan algunas instituciones y problemas concretos. En uno y otro caso, las consideraciones desarrolladas tienen necesariamente un carácter general, ya que la falta de información sobre las tácticas políticas en juego, sobre la idea constitucional de las fracciones parlamentarias y sobre otros factores políticos circunstanciales no permiten una mayor precisión. Advertimos, finalmente, que estas consideraciones no abarcan todos los problemas constitucionales, sino que tan sólo se ocupan —y en forma muy general— de aquellos que, a nuestro juicio, tienen mayor relevancia.

I

1. SOBRE LA IMPORTANCIA RELATIVA DE LA CONSTITUCIÓN

Un orden constitucional no queda establecido —ni siquiera desde el punto de vista normativo— con la elaboración del texto constitucional, sino que a éste hay que añadir las convenciones constitucionales, a veces previas y a veces posteriores a la elaboración del texto; las reglas del juego político, que en España están incoadas, pero todavía no consolidadas; las leyes complementarias o las de regulación detallada de los preceptos e instituciones constitucionales y, en un futuro, una jurisprudencia constitucional. En una palabra, sin salirnos del puro campo normativo, la Constitución no es más que una parte, si bien la más importante, de un sistema constitucional y cuya significación efectiva dependerá, por tanto, de sus interacciones con los demás componentes de dicho sistema.

Pero además, la eficacia y la actualización del sistema constitucional normativo depende de sus relaciones con el sistema político, compuesto, entre otros factores, por los partidos políticos, las organizaciones de intereses, las actitudes políticas de la población, etc. Veamos algunos ejemplos: es claro que la vigencia de la Constitución o del conjunto del orden constitucional depende, entre otros posibles factores, del grado de consenso o de antagonis-

mo entre los partidos políticos y de los valores e
intereses que representan: en un caso, la Constitución será considerada como un orden vinculatorio
y válido por sí mismo; en el otro, como un puro
instrumento para la eficacia de objetivos e intereses
parcializados, lo que en su desarrollo dialéctico
puede conducir a un deterioro y, finalmente, a una
destrucción de la misma Constitución. Es claro
también que las tendencias centrífugas que —a título de simple hipótesis— podemos admitir que se
hagan presentes en el proceso de regionalización,
podrían ser neutralizadas por la disciplina de los
partidos de ámbito nacional o por sus relaciones
con los regionales y, en fin, no es menos claro que
la atribución al Jefe del Estado de designar al Presidente del Gobierno tiene mayor significación en un
sistema pluralista que en un sólido sistema dualista
de partidos, pues, en este caso, la designación está
fuertemente condicionada, si no determinada, por
los resultados electorales, mientras que en el otro
tiene una mayor libertad de acción y su función re-
guladora del sistema constitucional se muestra más
patente.

Finalmente, en otras épocas históricas menos dinámicas que la nuestra y en las que el Estado tenía
como función primordial la creación del orden jurídico y sólo subsidiariamente las de intervención
en la vida social y económica podía razonablemen-
te creerse que con la promulgación de la Constitución —y supuesto el acierto de su formulación—
quedaban resueltos los problemas fundamentales

de la estructura y función estatales. Pero éste no es el caso en nuestra época acentuadamente dinámica y en la que el Estado es concebido como el gestor de la sociedad nacional, del que se esperan una serie de prestaciones destinadas a satisfacer las crecientes necesidades y demandas sociales, lo que exige una extensa y compleja actividad administrativa. En estas condiciones, la estructura y función estatales establecidas por la Constitución son sólo una parte de un sistema más complejo.

Sin compartir, ni mucho menos, la extrema posición del profesor Burdeau, para quien la Constitución es una *survivance* que ha perdido lo fundamental de su sentido, sino estimando, por el contrario, que sin un orden jurídico constitucional firme el Estado carece de sustentación, los valores políticos de garantía de vigencia, la acción política de disciplina y la gestión administrativa de verdadero control, es cierto que la indudable importancia de la Constitución ha sufrido una cierta relativización o, para ser más rigurosos, su importancia está condicionada por su acoplamiento con otros factores. De ello se desprenden algunos criterios o principios a ser tenidos en cuenta en su elaboración:

i)   Es preciso evitar caer en la tentación del mito del Verbo, es decir, en la creencia ideológica de que basta proclamar sabiamente una racionalidad abstracta para que las cosas se sometan a ella. En realidad, la Constitución forma parte de un sistema complejo cuyos componentes pueden ciertamente estar condicionados por el texto constitucional (por ejemplo, a través de las regulaciones básicas sobre los partidos, el sistema electoral, el control de la constitucionalidad, etc.), pero también la vigencia y las modalidades de vigencia de la Constitución están —como hemos visto— fuertemente condicionadas por el desarrollo autónomo de factores a su margen que, en parte, pueden ser previsibles y, en parte, imprevisibles.

ii)   Por consiguiente, la formulación del texto constitucional ha de ser lo bastante flexible para que pueda interactuar con estos factores y adaptarse al acentuado dinamismo del tiempo presente. Ello puede lograrse en la medida en que se parta de la distinción entre lo esencial y lo accesorio y en la medida en que los criterios de distinción entre ambos términos sean certeros. La Constitución es el nivel superior en la jerarquía de la regulación del Estado y su misma eficacia exige que ni descienda a niveles subordinados, ni obstaculice la autonomía de los reguladores inferiores del sistema estatal e impida que cuestiones no significativas se transformen en conflictos constitucionales.

iii)   Desde mediados del siglo pasado se ha mantenido frecuentemente la tesis de que la Constitución es la legitimación de las relaciones de poderes sociales en el momento de su formulación. Esta idea —un tanto simplista— podía tener justificación en otras épocas en las que las relaciones de poder permanecían sin grandes cambios durante períodos relativamente extensos de tiempo, pero hoy las cosas son más dinámicas y complejas y, por tanto, es preciso tener en cuenta las posibilidades de adaptación a las nuevas situaciones. Consecuentemente, el texto constitucional debe redactarse de tal forma que pueda admitir distintas posibilidades en cuanto a la distribución de fuerzas, líneas políticas a desarrollar, etc., y, en una palabra, que la permanencia de su estructura sea compatible con distintos contenidos políticos y sociales.

2. SOBRE LA URGENCIA DE LA CONSTITUCIÓN

Uno de los problemas más agobiantes en el Estado de nuestro tiempo —obligado a enfrentar tantas y heterogéneas tareas— es el de encontrarse ante la permanente alternativa de elegir entre lo apremiante y lo importante, siendo frecuente que la coerción objetiva de las cosas obligue a prestar preferente atención a lo apremiante a costa de lo importante, a sacrificar lo estructural ante la presión de lo circunstancial, con la consiguiente lesión a la capacidad de autodeterminación de la acción política y a la eficacia del Estado.

En la coyuntura actual de España, la elaboración de la Constitución es, a la vez, apremiante e importante. Urge su elaboración, ya que es condición para enfrentar con autoridad, certidumbre jurídica y bases políticas sólidas un conjunto de problemas esenciales para la vida española cuya resolución no admite demora o, en el mejor de los casos, sólo escasa demora y, urge también, para contribuir a que los problemas sean resueltos según pautas objetivas y no con arreglo a la capacidad de conflicto, *hic et nunc*, de los actores en juego. Pero, por otra parte, su carácter mismo de ley fundamental de la estructura y funciones del Estado, su proclamación de los valores por y para los cuales se constituye la convivencia política nacional, su distribución de competencias y de relaciones entre los poderes fundamentales del Estado, son muestra de su decisiva importancia y, con ello, de la meditación y gravedad que exige su elaboración. Planteadas así las cosas, cabrían las siguientes soluciones:

a)   La renuncia a la elaboración de una Constitución codificada o global y su sustitución por unas leyes constitucionales: esta solución quizá hubiera sido la más práctica e incluso la más adecuada con las teorías actuales de la *decision making*, que desconfían de las planificaciones y decisiones globales y consideran más prácticas y reales las decisiones y soluciones parciales y agregativas; hubiera permitido armonizar lo apremiante y lo importante y, quizás, disminuido el área de estériles discusiones ideológicas. Pero no hemos de entrar aquí en las ventajas e inconvenientes de tal solución, puesto que, al parecer, ha sido desechada por la comisión constitucional.

b)   Un texto constitucional amplio detallado y exhaustivo.

c)   Un texto que —por así decirlo— sirviera de estatuto constitucional básico destinado a ser com-

plementado con subsiguientes leyes de rango constitucional.

Entre las dos últimas posibilidades nos parece
que debe elegirse la segunda en virtud de las siguientes razones:

i) un texto amplio y con pretensiones exhaus-
tivas acrecería el tiempo de su elaboración no sólo
por simples razones cuantitativas, sino también cua-
litativas, pues, plantearía complejos problemas de
articulación y armonización entre un gran número
de preceptos;

ii) como quiera que, aunque no esté redactada
la Constitución, los poderes públicos tienen que
funcionar y relacionarse de algún modo, la demora
en la redacción del texto constitucional encierra el
riesgo de que se produzca una contradicción entre
unos usos establecidos y los preceptos constitucionales, situación no ciertamente irresoluble, pero no
por eso deseable;

iii) sin perjuicio de que la Constitución deba
proporcionar un esquema cierto de referencia, un
polo firme en medio de los cambios de fuerzas y de
los objetivos políticos contingentes, no es menos cierto que, dado el dinamismo y la complejidad de nuestro tiempo, la Constitución —como antes hemos dicho— debe ser redactada de tal manera que admita
distintas posibilidades de realización concreta compatibles con su estructura, compatibilidad que disminuiría si el texto entrara en excesivos detalles;

iv)   finalmente, consideramos que es preferible tener una cierta experiencia, recoger informaciones adecuadas, observar el funcionamiento de ciertos aspectos de la realidad, etc., antes de determinar con algún detalle la regulación de ciertos procedimientos o de ciertos órganos paraconstitucionales. Un ejemplo de lo último podría ser el caso de un Consejo Económico y Social, que no decimos que deba o que no deba establecerse, pero sí que no debe establecerse apresuradamente y sin que antes se hayan constituido con cierta garantía de consolidación las entidades destinadas a integrarlo, se disponga de información sobre el interés real de tales entidades en la institución de dicho Consejo, se mediten bien las aportaciones positivas o negativas que éste pudiera tener para el desarrollo de las políticas económicas nacionales, etc.

En conclusión: estimamos que sería deseable que la Constitución fuera breve, se ocupara de los problemas y procedimientos verdaderamente fundamentales y dejara su ulterior complementación a unas leyes constitucionales, cuya propuesta y aprobación requerirían mayorías y métodos especiales.

3.   VALORES POLÍTICOS Y EXIGENCIAS ORGANIZATIVAS

Función de la Constitución es dar forma jurídica, de un lado a los valores políticos a los que ha de servir el Estado y, de otro, a las líneas básicas de su organización: ha de fijar como misión del orden estatal el respeto o la realización de ciertos valores (como la libertad, la igualdad, el bienestar, etc.) y ha de organizar los poderes del Estado en forma tal que lo conviertan en una unidad de decisión y de acción dotada de la máxima eficacia posible, principio que si siempre ha sido cierto lo es todavía más en el Estado de nuestro tiempo, al que se le exigen satisfacer tantas demandas económicas, sociales y de otra índole, y que se desarrolla en medio de un ambiente extremadamente complejo.

Es obvio que ambos términos se encuentran implicados entre sí: ciertos valores sólo son compatibles con determinadas formas organizativas, por ejemplo, la democracia con la presencia de una estructura ascendente del poder político expresada capitalmente en un Parlamento elegido por sufragio universal, o el liberalismo con una estructura que limite por distintos medios el uso arbitrario de los poderes públicos. Pero, a su vez, las exigencias organizativas y concretamente la garantía de la unidad de la decisión y acción del Estado inciden sobre las posibilidades, modalidades y límites de la realización de ciertos valores. Para poner un ejemplo obvio: no sería posible, ni a nadie se le ha ocurrido, proceder cada seis meses a la elección de diputados, pues, si bien ello disminuiría las posibilidades del divorcio entre la voluntad del representante y la de los representados y satisfaría, así, a los principios democráticos, no es menos cierto que haría imposible la continuidad de la acción estatal.

Quede claro que no se trata de sacrificar una posible Constitución de tendencia utópica a una Constitución que —a falta de otro nombre— pudiéramos designar como de tendencia tecnocrática. Se trata de adquirir conciencia del necesario acoplamiento entre ambos términos. Acoplamiento que viene ya dado y exigido por las condiciones de la sociedad industrial y posindustrial. Pues, en efecto, de un lado, la experiencia de nuestro tiempo nos muestra que cuando los pueblos alcanzan un cierto nivel histórico, el sistema democrático y libre se revela no sólo como el más deseable por sus valores intrínsecos, sino también como el más eficaz para la verdadera integración de la sociedad nacional y para el desarrollo económico y social: se trata de un hecho constatable por correlaciones estadísticas y en cuya explicación teórica no sería pertinente entrar aquí. Pero, de otro lado, nos muestra que la libertad, la democracia, el juego equilibrado de las distintas fuerzas sociales y, sobre todo, la satisfacción de las demandas crecientes de la sociedad, sólo son posibles en un Estado fuerte y eficaz, en el que los poderes públicos gocen de la necesaria capacidad de decisión y acción y, en una palabra, de autodeterminación, bien que sometidos a los debidos límites y fiscalizaciones. En resumen, en las condiciones de la sociedad del presente, la realización de los valores políticos —entre los que se cuentan el creciente bienestar y el cuidado del Estado por las condiciones de existencia de sus ciudadanos (*Daseinsvorsorge*, para emplear la expresión de los juristas alemanes)— no se consiguen tan sólo por la inhibición, sino también y preponderantemente por la acción del Estado y, por consiguiente, es preciso no negarle los medios de acción. En consecuencia, es necesario estructurar los poderes del Estado de tal forma que puedan cumplir con las exigencias que nuestro tiempo imponen a un orden democrático, libre y social, equipando a los órganos calificados con los necesarios poderes tanto para las circunstancias normales como para las excepcionales.

II

1. DERECHOS FUNDAMENTALES

A)   Está fuera de discusión que la Constitución ha de incluir una tabla de derechos individuales y democráticos y, en este respecto, lo único que merece la pena destacar es lo siguiente:

i)   Que los valores a los que se otorgue significación jurídica constitucional sean aquellos esenciales para la existencia de un orden democrático y libre y sobre los que exista el mayor consenso posible, es decir, que no constituyen un «trágala» para una parte apreciable de la población española, de tal manera que se sintiera antagonizada desde el comienzo frente a la Constitución —símbolo de un régimen— y que no den origen a discusiones bizantinas e ideológicas en el seno de las Cortes con perjuicio del carácter apremiante que tiene la promulgación de la Constitución; es claro que puede haber ciertos valores a los que sea lícito darles en su día reconocimiento jurídico, pero no es menos claro que tal reconocimiento puede tener lugar, sea por vía de leyes ordinarias, sea por la reforma de los códigos.

ii)   Que la proclamación de los derechos individuales debe ir acompañada de las suficientes garantías jurídicas no solamente frente a las lesiones tradicionales, por así decirlo, sino también frente a las que puedan causarle la aplicación por la Administración del *instrumentarium* ofrecido por el desarrollo tecnológico como, por ejemplo, la escucha telefónica, el detector de mentiras, las drogas de la verdad, etc. Estimo que cabe una formulación genérica que elimine el uso de tales métodos, sin necesidad de entrar en detalles o casuismos.

iii)   Que —al igual del art. 18 de la Ley Fundamental de la RFA— se prevea la pérdida de ciertos derechos por quienes los utilicen para destruir el orden constitucional.

iv)   Que el sistema de derechos individuales debe ser armonizado con el sistema de derechos económicos y sociales, ya que no está excluido que sus respectivos desarrollos puedan entrar, aquí o allá, en contradicción.

B)   La práctica ha demostrado, de un lado, que se puede realizar un amplio programa de *Welfare State* o de Estado social sin que las Constituciones contengan una declaración de derechos sociales, económicos y culturales y, de otro, que los textos constitucionales pueden contener unas bellas y detalladas declaraciones de tales derechos sin que apenas tengan más realidad que su formulación. Ello se explica en cuanto que —hablando en términos generales— mientras que los derechos individuales pueden ser garantizados inmediatamente por la Constitución y por sus leyes complementarias, en cambio, sólo excepcionalmente algunos de los segundos —como, por ejemplo, la igualdad de salario masculino y femenino— pueden encontrar una garantía constitucional inmediata. En efecto, la garantía del derecho a la atención médica, a la vivienda, a un determinado nivel de ingresos, a la educación, etc., sólo puede tener lugar, entre otros supuestos, en función del desarrollo económico del país, de la capacidad de la Administración para la prestación de los derechos exigidos, de la certeza en la formulación y desarrollo de las planificaciones, etc., a lo que se añade que la concreción de éste o de aquel derecho social o económico no depende sólo, ni primordialmente, de un procedimiento jurídico, sino del consenso o compromiso entre las organizaciones de intereses implicadas y de su respectiva capacidad de influencia o de conflicto frente a los órganos estatales. En resumen, en la mayoría de los casos, la garantía de los derechos sociales, económicos y culturales radica en esferas extraconstitucionales e incluso, en una buena parte de casos, en supuestos que se encuentran más allá de las posibilidades inmediatas del Estado mismo y que

dependen de las condiciones estructurales y coyun-
turales de la economía nacional (las cuales, sin embargo, pueden ser modificadas dentro de ciertos límites por la acción estatal).

No obstante de las anteriores consideraciones sobre la imposibilidad de que la Constitución garantice
de modo inmediato los derechos sociales y económicos, es pertinente su inclusión en el texto constitucional, en virtud de las siguientes razones:

i)   La constitucionalización de tales derechos es
simultáneamente un acto de justicia social y una
contribución a la integración nacional. En el primer
sentido, reconocen la legitimidad de una mayor
participación en los bienes y servicios económicos
y culturales a las clases o grupos sociales que han
soportado a lo largo de la historia las cargas más
penosas en materia económica y militar, y que todavía en los últimos tiempos han contribuido con
sus remesas desde el exterior al mejoramiento de la
economía nacional. La Nación no debe ser conce-
bida solamente como la común participación en
unos mitos y valores ideales, sino también en la ri-
queza nacional creada por el esfuerzo de todos los
españoles. Por otra parte, si bien es cierto que desde
el final de la guerra mundial la lucha de clases ha
perdido radicalidad y polarización de ámbito nacional para derivar hacia conflictos concretos, en-
capsulados en el ámbito de una empresa o de una
industria y resolubles por las vías jurídicas y el com-

promiso, parece claro que el reconocimiento constitucional de unos derechos sociales puede coadyuvar a la consolidación de tales tendencias.

ii)   A pesar de que los preceptos económicos, sociales y culturales de la Constitución no pueden derivarse en la mayoría de los casos unos derechos públicos subjetivos, no es menos cierto que tales preceptos tienen una virtud programática y directiva para la legislación y para la fijación de las líneas políticas del Estado, bien entendido que su concreción será, en definitiva, el resultado del juego de los partidos y de las organizaciones de intereses.

iii)   Una declaración de derechos individuales que no fuera acompañada de una declaración de derechos económicos y sociales, podría obstaculizar el desarrollo de políticas económicas y sociales por parte del Estado, ya que los intereses lesionados podrían, quizá, poner en cuestión la constitucionalidad de tales políticas argumentando su contradicción con algunos derechos individuales, tal como ha sido, a veces, el caso en la RFA o en otros países.

iv)   Dentro del sistema de derechos sociales y económicos deberán incluirse preceptos que facilitan la política económica del Estado, incluida la facultad por parte de éste para proceder, mediante una ley o decreto con fuerza de ley, a la nacionalización de empresas siempre que así lo aconsejen los intereses o la mejora de las condiciones estructurales de la economía nacional, o el allanamiento de coerciones a la capacidad de acción y decisión del Estado incompatibles con el ejercicio efectivo de su soberanía.

2. FUNCIONES DEL PARLAMENTO

Decía Hugo Preuss, autor del proyecto de la Constitución de Weimar, que «el parlamentarismo rechaza todos los absolutismos, incluido el del mismo Parlamento». Pero, además de la verdad de este principio, las condiciones del tiempo presente aconsejan que la Constitución evite la tendencia —circunstancialmente explicable— hacia una excesiva amplitud de los poderes parlamentarios, tendencia, que si quizá puede responder a primera vista a la realización de ciertos valores políticos, sería disfuncional desde el punto de las exigencias organizativas del Estado de nuestro tiempo. Antes de entrar en el tratamiento concreto del tema, estimamos conveniente desarrollar unas breves consideraciones generales.

Sería caer en el formalismo ingenuo partir del supuesto de que el Parlamento (como un todo) y el Gobierno son dos poderes «separados» y diversos, dado que en un régimen parlamentario, el Gobierno y la mayoría parlamentaria pertenecen a un mismo partido o coalición de partidos, y, por consiguiente, uno y otro están bajo las directivas y la fiscalización de un mismo centro de poder o de un comité unificador de centros de poder. Por supuesto, que esto no quiere decir que deban confundirse las cosas, ni que se menosprecie la autonomía institucional y la diversidad de perspectivas que puedan asumir cada uno de los términos, ni que el Gobierno y el Parlamento sean simples ejecutores de estas decisiones de los partidos, pues, a ello se opone el hecho de que, con el curso del tiempo, toda institución desarrolla una propia idea de sí misma, de su dignidad y de sus atribuciones, que le impide convertirse en simple recipiente o en instrumento pasivo de poderes extraños. Pero sí quiere decir que la autonomía de ambos términos queda relativizada como consecuencia de su interdependencia con los partidos, y que la estabilidad y garantía del sistema político constitucional no radica tanto en unos preceptos destinados a afirmar los poderes del Parlamento, cuanto en el adecuado funcionamiento del sistema de partidos. Como expresa certeramente el profesor Friesenhahn, «la estabilidad de los gobiernos parlamentarios depende, en todo caso, más de la estabilidad de los partidos políticos que de la construcción jurídico-constitucional del mecanismo de la desconfianza». Y añade con referencia a la RFA, «en particular debemos la estabilidad de los gobiernos en la República Federal Alemana a la estructura vigente del sistema de partidos y no al llamado voto de desconfianza constructivo de la Ley Fundamental».

En conclusión: el sistema político institucional del tiempo presente se compone de dos círculos o subsistemas: el uno, formado por las instituciones jurídico-constitucionales y, más concretamente por el Parlamento y el Gobierno; el otro, formado por los partidos en el poder y en la oposición y, eventualmente, por otros actores. Ambos círculos sólo funcionan interactuando entre sí, y es en las reglas de juego de esta interacción, tanto o más que en las relaciones jurídicas formales entre el Gobierno y el Parlamento, donde radican las condiciones de estabilidad del orden democrático y libre. Después de estas consideraciones, debemos decir unas palabras sobre las funciones legislativas y fiscalizadoras del Parlamento:

a)   El Parlamento debe conservar su preeminencia legislativa, pero adaptada a las condiciones y coerciones del tiempo presente que, de un lado, se caracterizan por el fenómeno cuantitativo del gran volumen de la legislación requerida y, de otro, por el fenómeno cualitativo de que actualmente la legislación no sólo tiene la función de crear un orden general para la acción, sino también la de ser, ella misma, instrumento de acción y de intervención en las esferas económicas, sociales y de otra índole. Bajo estos supuestos, se necesita frecuentemente, si no permanentemente, de una legislación tan rápida y con tantas posibilidades de cambio como la mutación de los acontecimientos mismos a los que ha de enfrentar, de una legislación no sólo sustentada en valores morales o políticos, sino también en la racionalidad técnica, de una legislación, en fin, no sólo para un número indefinido de casos y para un tiempo indeterminado, sino también para la consecución de uno o de unos objetivos concretos en una circunstancia determinada.

Ahora bien, las posibilidades del Parlamento para hacer frente tanto a la cantidad como a las nuevas modalidades de la legislación son limitadas.

Por consiguiente y sin perjuicio de la preeminencia, autoridad y control del Parlamento en materia legislativa, la Constitución debe establecer la posibilidad de que el Gobierno disponga de las necesarias atribuciones normativas para hacer frente a los requerimientos que al Estado de nuestro tiempo imponen el dinamismo y la complejidad de la sociedad actual.

El Derecho y la práctica constitucionales ofrecen una serie de soluciones para ello. La solución extrema —dentro de un orden democrático y libre— es la ofrecida por la vigente Constitución francesa que establece taxativamente las materias cuya regulación legislativa corresponde al Parlamento, deja las restantes al Gobierno e incluso, la posibilidad de que las primeras puedan ser objeto de normativización por el Gobierno si éste obtiene la correspondiente autorización parlamentaria. Sin que tengamos objeciones decisivas frente a esta solución, no creemos que coincida con el criterio dominante en los constituyentes españoles. En todo caso, entendemos que la nueva Constitución debe partir del criterio —constatado por la experiencia de otros países y por la lógica del Estado de nuestro tiempo— de la imposibilidad de que el Parlamento pueda hacer frente a la totalidad de las necesidades legislativas y entendemos también que si algo es necesario es preferible que lo sea dentro de la Constitución que fuera de la Constitución o contra la Constitución. Concretamente, opinamos que el texto constitucional deberá admitir las autorizaciones legislativas al Gobierno fijando los objetivos, el término y los principios generales de la legislación delegada; deberá prever nuevas modalidades de leyes como las leyes cuadro, programa, etc., así como procedimientos de urgencia y de necesidad legislativa, todo ello sin perjuicio de la fiscalización por parte del Parlamento, del Tribunal Constitucional y de otros posibles órganos y procedimientos. No tiene sentido entrar aquí en más detalles, ya que ellos dependerían del conocimiento global del anteproyecto o de los anteproyectos constitucionales. En todo caso, el Derecho constitucional contemporáneo ofrece distintas posibilidades técnicas.

b) Función del Parlamento es también la fiscalización de la política y de la acción del Gobierno, someter sus actos a la publicidad, ofrecer criterios y programas de Gobierno alternativo, sea para el período legislativo en curso, sea para el siguiente —mediante el influjo de los debates parlamentarios sobre el cuerpo electoral— y dar a la oposición la posibilidad real de participar, por su crítica y proposiciones, en la dirección del Estado, de modo que si la mayoría tiene el poder de decisión o el *pouvoir activ*, las minorías puedan ejercer el poder de control que, de ser seriamente practicado, no es menos importante que el poder de decisión, regula el ejercicio de éste y, por supuesto, puede intervenir en el contenido de sus decisiones. El cabal cumplimiento de estas funciones del Parlamento, no depende tanto de los preceptos constitucionales cuanto de las reglas de juego político, de los reglamentos de las Cámaras, del sistema de partidos y del acoplamiento entre los dos círculos a los que nos hemos referido anteriormente. Dentro de los problemas que respecto a este punto debe abordar la Constitución se encuentran, a nuestro juicio, los siguientes:

i) El nombramiento del Jefe del Gobierno por el Rey. No nos parece necesario ningún procedimiento o ceremonia de investidura: es obvio que un Gobierno que carezca de la confianza de las Cámaras no podría gobernar y, por consiguiente, no vemos la utilidad de un acto formal de ratificación del nombramiento regio. La aprobación por los necesarios grupos parlamentarios se obtendría por consultas previas al nombramiento sea personalmente por el Rey, sea, como en algunas monarquías (Bélgica, Holanda, Dinamarca), encargando de ello a una persona en posesión de la debida idoneidad para tal función.

ii) Es necesario hacer compatible la responsabilidad del Gobierno ante el Parlamento con su estabilidad. En este sentido esto se consigue con la renuncia al atractivo —si alguno tuviera— de adoptar el llamado «voto de desconfianza constructivo» establecido por la Ley Fundamental de la RFA y por las constituciones de algunos de los *Länder*, consistente en que el Parlamento sólo puede expresar su desconfianza eligiendo por sí mismo a un nuevo Jefe del Gobierno (incluso por mayoría simple), que deberá ser nombrado necesariamente por el Presi-

dente Federal. Dejando de lado la opinión dominante de los tratadistas alemanes de que la aplicación de este método sólo tendría como resultado la
creación de gobiernos de base endeble, y de que
—como antes hemos visto— la estabilidad guber-
namental de la RFA no radica en dicho voto, sino
en el sistema de partidos, consideramos que, en
todo caso, el método en cuestión es incompatible
con un régimen monárquico: se impondría al Rey
un Jefe de Gobierno en cuya designación no ha tenido ni siquiera una iniciativa formal, podría crear
una tensión, e incluso, un conflicto entre el Parlamento y el Jefe del Estado y entre éste y el Presidente del Gobierno, tensiones que si en una República
serían resolubles por una ulterior apelación al pueblo sin quebrantar los supuestos del sistema, no
sería éste el caso en una Monarquía. Es evidente
que el Rey no podrá nombrar a un Presidente del
Gobierno que no cuente con una mayoría parlamentaria, pero no es menos evidente que el Parlamento no puede imponer al Rey un Jefe de Gobierno.

iii)   Por consiguiente, la estabilidad del Gobierno hay que buscarla por métodos menos originales
que el de la Constitución alemana, estableciendo
—como otras constituciones— procedimientos reguladores del planteamiento de la cuestión de confianza, entre los cuales se cuentan un quórum de
firmas (por ejemplo, el 10 o el 15 por 100); un plazo
entre la presentación de la proposición y la discusión (por ejemplo, 2 o 3 días); la aprobación por la

mayoría de los miembros de la Cámara y no sólo por los presentes; la prohibición de que los mismos firmantes puedan repetir la propuesta durante un plazo determinado, método que no salva a un Gobierno que no cuente con la mayoría, pero que limita las posibilidades perturbadoras de los partidos minoritarios y, por tanto, escasamente representativos, los cuales disponen, sin embargo, de otros procedimientos para manifestar su oposición.

iv) En el caso de no lograrse la cooperación entre el Parlamento y el Gobierno, sería necesario proceder a la disolución de aquél por el Rey a propuesta del Presidente del Gobierno.

3. EL GOBIERNO Y SU PRESIDENTE

Es suficientemente conocido el destacado papel del Gobierno en un Estado que, como el del tiempo presente, ha de cuidar del desarrollo económico nacional estableciendo y operacionalizando los correspondientes planes, realizando obras de infraestructura, promoviendo la innovación tecnológica, redistribuyendo la renta nacional y asumiendo para ello la prestación de los correspondientes servicios, protegiendo del despilfarro los recursos naturales no renovables, desarrollando nuevas fuentes de energía, etc. El cumplimiento de estas y otras funciones, implícitas en la conversión del Estado en una gran empresa gestora de la sociedad nacional, sólo son posibles con un Gobierno fuerte, estable y dotado de la suficiente capacidad de decisión y acción, ya que es el órgano que dentro del sistema institucional tiene las mayores posibilidades de rápida actuación, posee una visión global de los problemas, condensa la máxima responsabilidad y dispone de la necesaria información técnica y de otro orden. Como hemos dicho en las líneas anteriores, el Gobierno debe estar bajo la fiscalización del Parlamento, aunque no sometido al capricho de los grupos parlamentarios minoritarios.

Pero el Gobierno sólo puede cumplir su cometido bajo una fuerte disciplina que garantice su unidad de acción, tanto más necesaria cuanto más extenso y complejo es el ámbito de su actuación, lo que exige un fortalecimiento de la figura de su Presidente, al que deben corresponderle, entre otras funciones, la propuesta al Rey del nombramiento y destitución de los ministros; la definición de las líneas políticas generales; la coordinación y distribución de asuntos entre los distintos ministerios, dentro de las normas establecidas por las leyes y respetando la autonomía de gestión de cada uno de ellos; en caso de divergencia entre el Presidente y un ministro debe decidir la mayoría del Consejo, pero sin perjuicio del ulterior derecho del Presidente a proponer al Rey la sustitución del ministro. Estas atribuciones podrían ser complementadas por regulaciones extraconstitucionales que asignaran al Presidente del Gobierno la presidencia de algunos Consejos Consultivos, que tanta importancia tienen en el Estado contemporáneo.

4. EL REY

En las polémicas políticas inglesas del siglo XVII se acuñó, entre otras, la expresión *the mystery of the King*. A pesar de los progresos del pensamiento racional y de la capacidad analítica de nuestro tiempo, la figura del Rey contiene algo de misterioso, no en el sentido que le daban los legitimistas ingleses, pero sí en el sentido de que, más allá de sus funciones específicas y concretas dentro de un orden político, tiene algunas que son intelectualmente inasibles y jurídicamente informulables, y cuya significación depende de las cualidades personales del portador de la Corona, del sistema de creencias vigente y de las circunstancias en las que tenga que moverse. Pero no es nuestra misión desarrollar aquí una teoría de la monarquía, sino decir algo sobre su lugar en el futuro orden constitucional español.

Ningún sistema político, ni ninguna institución se basan en un solo principio de legitimidad, sino en un sistema de principios de legitimidad. Entre los componentes del sistema de legitimidad de la institución monárquica en la España actual tiene especial relevancia el que podemos denominar principio de la legitimidad funcional, entendiendo por tal el de aquella institución cuya existencia y acción constituyen una aportación necesaria o, más aún, esencial para el mantenimiento renovado de un sistema, en nuestro caso, del sistema de convivencia pacífica bajo un orden democrático y libre. Este principio de legitimidad que —en términos generales y, por tanto, no sólo referido a la institución monárquica— es el más convincente para las actitudes y mentalidad de nuestra pragmática época, no excluye, por supuesto, otros criterios de legitimidad que puedan incidir en la figura del actual Rey de España. Con el criterio de legitimidad funcional —poco desarrollado en la teoría política y para el que nos hemos inspirado más bien en las teorías contemporáneas del *management* y de la organización— pretendemos formular conceptualmente algo que es cotidiana y generalmente reconocido, a saber, que sin la acción de Vuestra Majestad no se hubieran obtenido los éxitos alcanzados en el proceso de democratización español, ni éste hubiera obtenido la confianza general izada en el extranjero, a veces traducida en ayudas concretas.

Antes de seguir adelante y para evitar malas interpretaciones, por parte de otros posibles lectores de estas líneas, es conveniente aclarar que funcionalidad no puede confundirse con instrumentalidad: el instrumento es, por definición, algo pasivo que no actúa por sí mismo, sino que se lo manipula o se lo deja de manipular según las coyunturas o los objetivos planteados; la funcionalidad, en cambio, implica un componente necesario de un sistema, un factor regulador que, dados ciertos supuestos actúa por sí mismo. La instrumentalidad es transitoria, la funcionalidad es permanente, en tanto se mantenga un sistema.

Si se admite que la monarquía es necesaria para el funcionamiento del sistema político español y se admite que la Constitución de un país no se establece tan sólo para enfrentar una coyuntura, sino, ante todo, para crear una estructura, entonces, parece claro que la Constitución ha de reconocer sin reticencias a la institución monárquica e incluso, establecer los principios fundamentales de sucesión y la composición básica del eventual Consejo de Regencia. Ello es compatible con las salvedades que puedan hacer en las Cortes algunos partidos, como lo hicieron en su día los socialistas en distintas monarquías europeas. Pero, en todo caso, la racionalidad abstracta debe ceder no tanto ante el oportunismo, cuanto ante la racionalidad histórica, única que asegura la firmeza de los regímenes políticos.

Se plantea ahora el problema de cuáles son las potestades que ha de tener el Rey. Hasta donde nuestra información alcanza, parece que predomina la idea de que la constitucionalización de la monarquía deba inspirarse en el llamado modelo nórdico. Sucede, sin embargo, que si se examinan los textos constitucionales de dicho modelo (con la excepción de la reforma sueca de 1974), se observará que se asignan al Rey importantes poderes; pero si se examina la práctica constitucional se observará, no menos, que dichos poderes apenas son ejercidos y que la letra del texto ha sido o bien sustituida por las convenciones constitucionales, o bien interpretada en relación con ellas. Se plantea, por tanto, el problema de qué es lo que se ha de tomar como modelo si la letra o la *praxis* y, de decidirse por esta última posibilidad, el de cómo adaptar la letra de nuestra Constitución a dicha *praxis*.

Pero, a pesar de estas dificultades o, quizá, más bien salvedades, es cierto que los rasgos generales del sistema nórdico (incluidos el británico, el belga y el holandés) pueden y deben servir de modelo orientador, pues, al fin y al cabo, significan la adaptación de la proteica institución monárquica a las actuales condiciones históricas del mundo occidental y, particularmente, al orden político democrático, libre y socialmente orientado. Ahora bien, la adopción de las líneas generales del modelo nórdico implica —junto a la responsabilidad ministerial— no cicatear las atribuciones necesarias para que la Corona pueda cumplir sus funciones. Por otra parte, en un tiempo en que las necesidades de la gestión estatal han obligado a dar amplios poderes al Ejecutivo, es aconsejable que el ejercicio de éstos sea en cierto modo «dividido» (para emplear una expresión convencional, aunque conceptualmente no muy afortunada) y, para ello, parece conveniente que los excesivos poderes del Gobierno encuentren un regulador en la asignación de ciertas funciones al Jefe del Estado, bien entendido que, en una monarquía, algunas de ellas deben ser ejercidas lo menos posible y otras lo más discretamente posible. Apenas parece necesario recordar que, tanto las exigencias de los principios democráticos, como los requisitos para la permanencia y consolidación de la institución monárquica, exigen su imparcialidad ante las fuerzas políticas y la asunción de una actitud que si, quizá, no siempre puede ser neutral (ya que, como veremos más adelante, es inherente a un monarca constitucional el derecho a prevenir sobre los riesgos de una política o a animar su prosecución) sí ha de ser no beligerante.

Además, consideramos que la asignación al Rey de ciertas funciones y potestades es especialmente aconsejable en el presente momento histórico de España. Ello nos obliga a decir unas palabras sobre la naturaleza de la actual monarquía española. No es exactamente una monarquía instaurada ya que no se hubiera podido designar un Rey —o éste no hubiera sido aceptado por la generalidad del pueblo español— más que dentro de la dinastía legítima y respetando la substancia de sus leyes de sucesión; tampoco es una monarquía restaurada, no sólo porque desde 1931 han transcurrido cerca de cincuenta años, sino también por los grandes cambios que el mundo y la sociedad española han sufrido durante ese período. Recurriendo a señeros antecedentes en la historia de las ideas políticas, podríamos designar, si se permite la pedantería, al sistema actual de España como una *renovatio monarchiae*, como una monarquía renovada, como una monarquía de nueva forma y espíritu, remozada y adaptada al cambio de los tiempos. Pero, dejando de lado el problema del nombre, es cierto que mientras los actuales titulares de las Coronas nórdicas han nacido y se han configurado institucionalmente dentro de un sistema constitucional consolidado que funciona por sí solo, en cambio, en España estamos en un período de construcción de dicho sistema, en un período que puede llamarse fundacional. Ahora bien, en todo período fundacional, sea de orden político, sea de cualquier otro orden, tiene o puede tener una importancia decisiva la acción del fundador o de los fundadores: más tarde las cosas se despersonalizan y objetivan, y el sistema se autorregula por la operación de unas convenciones constitucionales, lo que puede incluso permitir la formulación de una Constitución como la actual sueca, la cual, en cambio, no tendría sentido en la España actual.

En resumen, creemos que pueden considerarse como lícitas las siguientes afirmaciones: i) existe un consenso general entre los españoles en que la acción del Rey ha tenido una importancia decisiva en el proceso de liberación y, en general, de transición hacia un nuevo orden político; ii) la vigencia y la consolidación de la monarquía va unida a su constitucionalización; iii) en unos momentos en que las instituciones, los partidos y las mismas personalidades políticas no están todavía consolidadas —pero que, en cambio, si hay otros poderes o estamentos consolidados y no precisamente democráticos— no sería aconsejable negar al Rey las posibilidades de acción que todavía requiere la afirmación del sistema pues, iv) desde el punto de vista jurídico formal el período constituyente queda terminado con la promulgación de la Constitución, pero, desde el punto de vista político, al sistema le queda todavía un largo período constituyente, en el que la eventual acción del Rey —ya dentro de las normas constitucionales— puede tener una importancia decisiva y positiva. Insistimos en que, con el curso ulterior de los acontecimientos y concretamente con la consolidación de las instituciones, de las convenciones constitucionales y de las reglas del juego político, es de esperar que las potestades del Rey adquieran la significación que hoy tienen en las monarquías occidentales, con el consiguiente beneficio para las instituciones democráticas y para la estabilidad de la Corona.

Dentro de las atribuciones y funciones del titular de la Corona hay algunas de carácter representativo y simbólico, que son no sólo de primera importancia, sino el supuesto para el ejercicio de las demás; pero en las que no es menester entrar en este momento. Hay otras en las que el Rey no actúa en su cualidad simbólico-representativa, sino en su cualidad de órgano del sistema institucional, y dentro de las cuales cabría aún distinguir entre las funciones formales o de ratificación y las funciones materiales o de decisión (bien entendido que el ejercicio de una misma atribución puede tener uno u otro carácter según las circunstancias). En todo caso y hablando en términos generales, puede afirmarse que las funciones materiales o de decisión no deben constituir tanto un poder de ejercicio normal cuanto una reserva de poder que ha de entrar en acción cuando lo requieran la gravedad o el carácter decisivo o excepcional de las circunstancias, una reserva de poder que ni siquiera en la arquetípica constitución británica le ha sido negada al titular de la Corona por la doctrina de los tratadistas. Así, es opinión dominante que el Rey puede negar al Primer Ministro la disolución del Parlamento cuando ello represente un abuso de poder o un peligro para los intereses nacionales, lo que, unido a otros ejemplos, permite afirmar que *there are occasions whem the «formal» functions cease to be merely formal* (Jennings) o que los poderes del monarca *although normaly dormant, might be revived in circunstances of serius constitutional crisis* (Hanson), por no citar más que un par de autores. Tampoco es ocioso recordar que en las circunstancias excepcionales de la Segunda Guerra Mundial, los reyes nórdicos propiamente dichos y muy especialmente el danés (incluida su oposición al gobierno pro-alemán de Servinius) supieron asumir iniciativas adecuadas a la situación sin menoscabo, sino, por el contrario, con acrecentamiento de su legitimidad. Repetimos que se trata de una reserva de poder que, como toda reserva, debe ser utilizada lo menos posible y cuyo desacertado uso puede encerrar riesgos incalculables.

En todo caso, hay unas atribuciones inherentes a la monarquía constitucional que, enunciadas por Bagehot en el siglo pasado, se han convertido en una opinión común en cuanto a las relaciones entre el Rey y el Gobierno, a saber, el derecho del Rey a ser informado sobre las líneas políticas generales y sobre las que en una coyuntura dada adquieren especial relevancia; el derecho a animar la prosecución de unas líneas políticas o de unos programas de Gobierno, y el derecho a prevenir sobre los riesgos de ciertas líneas o medidas políticas. Bajo estos y otros supuestos la función política del titular de la Corona se expresa más que en unas potestades concretas, en lo que frecuentemente se denomina influencia, pero que sería más riguroso denominar como *auctoritas*, definida por Mommsen como más que un consejo y menos que una orden o como un consejo que no se puede decentemente eludir. La *auctoritas* no puede encerrarse en unas competencias jurídicas precisas, aunque éstas puedan ayudar a su actualización, sino que radica en el prestigio y legitimidad de una institución y en la experiencia y conducta de su portador. No manda por sí misma, sino que promueve o ratifica las decisiones de otros. Por su misma naturaleza es muy difícil, sino imposible, transladar la *auctoritas* a preceptos jurídicos precisos, pero su ejercicio puede ser ayudado por éstos. Hecha esta aclaración y teniendo en cuenta el conjunto de las consideraciones anteriores, estimamos que la Constitución podría establecer preceptos en el espíritu de los siguientes:

i)   El Rey ejerce sus potestades con arreglo a la Constitución, a la que guardará y hará guardar. Este último deber puede proporcionarle lo que más arriba hemos denominado una reserva de poder.

ii)   El Rey representa a la Nación española. Esta función representativa no colide, en modo alguno, con la de otros órganos —ante todo con la de las Cortes— y puede ser interpretada en dos sentidos distintos, aunque no contradictorios. De un lado, en un sentido jurídico político que significaría que el Rey recibe los poderes de la Nación en los términos establecidos en la Constitución; de otro lado, en el sentido simbólico de dar presencia visible a algo que, en conjunto, es invisible, de integrar una pluralidad difusa en una unidad concreta, de dar presencia materializada a algo que es inmaterial. En este sentido, el carácter representativo del Rey, unido a la posición no beligerante y permanente de su magistratura, de un lado, puede contribuir poderosamente al proceso de integración nacional y, de otro, podría tener la función de neutralizar el fenómeno nada deseable, pero posible, de que en esta época de políticos *stars*, alguno o algunos de ellos asumieran una excesiva representatividad, incompatible con el pluralismo democrático.

El precepto podría redactarse de distintos modos como, por ejemplo, «representa a la unidad (o a la totalidad, o al conjunto) de la Nación», lo que podría tener especial relevancia en la hipótesis de que, con el curso del tiempo, el proceso autonómico regional se hiciera más intenso. Por lo demás, este carácter representativo se le reconoce también, con distintos matices, a los Presidentes de las repúblicas (Constitución de la República Federal Alemana: «El Presidente federal representa internacionalmente a la Federación», art. 59; Constitución de la República Italiana: «El Presidente de la República... representa la unidad nacional», art. 87; Constitución austríaca: «El Presidente federal representa a Austria frente al exterior y al *Bund* frente a los *Länder*, arts. 50 y 100).

iii) Las condiciones específicas de España hacen ociosas las disquisiciones destinadas a razonar que la Constitución asigne al Rey el mando supremo de las Fuerzas Armadas. Podría pensarse si debe añadirse que lo ejercerá a través del Ministro de la Defensa (como es la práctica en otras monarquías) para asegurar, así, la irresponsabilidad política de la Corona y la responsabilidad ministerial. Conviene, sin embargo, recordar que las Fuerzas Armadas no son más que uno de los factores de la Defensa Nacional, la cual, como se sabe, actualmente integra un conjunto complejo de elementos tan importantes o más que los específicamente militares o, en todo caso, sin los que éstos no pueden desarrollarse. Siendo así las cosas —y sin perjuicio de las atribuciones y responsabilidad del Gobierno— y habida cuenta de la permanencia de su magistratura coincidente con la constancia que debe presidir la política de Defensa, parece que debiera darse al Rey la posibilidad de estar constantemente informado de los planes y de la operacionalización de los planes en materia de Defensa Nacional en su sentido global. Ello puede tener lugar a través de los Consejos de Ministros, pero quizá fuera también adecuado establecer que presidirá el Consejo de Defensa Nacional, cuando así lo estime oportuno.

iv) No menos importante puede ser la función del Rey en materia de política internacional, función que, quizá no necesite de preceptos específicos y que estaría implícita en su carácter de representante de la nación, de acreditar y recibir embajadores, de sus conocimientos de Jefes de Estado extranjeros, etc.

v) Preside los Consejos de Ministros, precepto que no creemos encuentre oposición y que, en todo caso, se justifica por el derecho y el deber de estar informado y de manifestar sus puntos de vista sobre la grandes líneas políticas, así como por la conveniencia de equilibrar la masa de poderes del Presidente del Gobierno.

vi)   Nombra al Presidente del Gobierno.

vii)   A propuesta del Presidente del Gobierno: *a*) nombra y destituye a los ministros; *b*) puede proceder a disolver el Parlamento convocando nuevas elecciones dentro de un plazo a determinar; *c*) puede proclamar estados de excepción, en caso de que no esté reunido el Parlamento y, bajo las condiciones establecidas en la Constitución. Conviene advertir que propuesta no significa imperatividad de una línea de acción, sino sugerencia de una acción que puede ser aceptada o rechazada.

viii)   Sanciona y promulga las leyes y los decretos emitidos en virtud de autorizaciones legislativas. Puede devolver un proyecto de ley si no se adapta formalmente a los preceptos constitucionales; de su adaptación material debe cuidar el Tribunal Constitucional.

En las anteriores líneas nos hemos limitado a referirnos a aquellas cuestiones que, a nuestro juicio, podrían ser objeto de diversidad de puntos de vista y, por consiguiente, hemos dejado de lado las que son obvias en una monarquía constitucional como, por ejemplo, el refrendo ministerial, y las que son inherentes a la magistratura de Jefe de Estado en cualquier país.

5. ORGANIZACIÓN TERRITORIAL

La constitucionalización de la organización político-territorial de España parte de una coerción inicial planteada por Cataluña y el País Vasco. El reconocimiento provisional mediante decreto de la autonomía de Cataluña, que puede esperarse sea seguida de la del País Vasco, si es que la actitud de sus provincias lo permite, hace que la solución del problema regional no pueda tener como punto de partida una planificación general, sino una adaptación a una situación creada, de un lado, por la total inhibición del régimen franquista ante el problema y, de otro, por la fuerte capacidad de conflicto desarrollada por las mencionadas regiones.

A esta complejidad inicial se añaden otras, entre las que pueden mencionarse las siguientes: i) es obvio que el reconocimiento de un estatuto autonómico a los catalanes y a los vascos, conlleva en principio, el derecho de otros conjuntos provinciales a obtener un *status* igual o análogo y, desde este punto de vista parecería clara la conveniencia de la regionalización española, pero el problema se complica si tenemos en cuenta ii) que si bien hay conjuntos de provincias con personalidad regional definida, como es el caso de Galicia, de los antiguos reinos o países de la Corona de Aragón y, por otras razones, de las Canarias, no es menos cierto iii) que en el resto del país la situación es muy heterogénea, pues, en efecto, en unos casos nos encontramos con provincias con una personalidad de tan fuertes características que, cualitativamente hablando, las aproximan a una región (por ejemplo, Asturias), pero que quizá sean demasiado pequeñas para constituirse en un régimen de autonomía político-administrativa; en otros, las llamadas habitualmente regiones no pasan de ser expresiones geográficas, pero sin constituir unidades orgánicas ni desde el punto de vista político, ni desde el punto de vista cultural, ni desde el punto de vista económico, a lo que se añade que en algunos casos son demasiado grandes para constituir en su totalidad una región autónoma que guarde el debido equilibrio con las demás; otros datos a tener en cuenta son iv) el distinto grado de desarrollo político, la existencia o inexistencia del bilingüismo, la mayor o menor densidad de comunicaciones, y, en general, de relaciones entre los conjuntos interprovinciales, las distintas posibilidades de integración o complementación económicas, etc.

Siendo así las cosas, se plantea la cuestión de si es conveniente decidir por un acto constituyente la definitiva regionalización político-administrativa de España, incluyendo la enumeración de las provincias que compondrán cada región o si, de igual modo que se les reconoce a unas provincias el derecho a integrarse en regiones (como hasta ahora ha sido el caso de las provincias catalanas y parece inminente el de las vascas) es justo que a otras provincias —que si en un tiempo fueron, quizás, entidades artificiales, hoy, después de cerca de ciento cincuenta años de existencia, son entidades reales,

estructuradas, consolidadas y con sus propias necesidades e intereses— se les reconozca el derecho a
permanecer como tales y a mantener relaciones directas con los órganos centrales del Estado, al menos, mientras no estén convencidas de la conveniencia de integrarse en conjuntos regionales y
hayan decidido en qué conjunto regional. Todo ello,
por supuesto, sin perjuicio de someterse a las normas o planes de regionalización de contenido no
político emanados del Estado. Todavía podrían de-
tectarse otras complejidades del problema, pero no
es cuestión de desarrollar aquí ulteriores consideraciones, sino de pasar a formular algunos criterios
inspiradores de la futura Constitución:

a)   Debe afirmarse expresamente la unidad e indivisibilidad de la Nación española. Si —lo que no
es de esperar— hubiera una fuerte oposición a admitir este enunciado, podría precisarse diciendo «de
la Nación política española». Si algunas regiones se
empeñan en afirmar que son naciones, se les puede
argumentar que existe una distinción entre nación
política y nación cultural o incluso, entre nación y
nacionalidades, en cuyo desarrollo no vamos a entrar aquí porque dilataría los límites discretos de este
informe: baste poner como ejemplo que Suiza es una
indudable nación política (y así se define en su
Constitución) compuesta de tres o de cuatro nacionalidades culturales. Pero, además, y aunque indu-
dablemente el concepto de nación tiene una pluralidad de formulaciones, no es menos cierto que

puede afirmarse que desde ninguna de ellas es posible negar la existencia no sólo política, sino también cultural y económica de la Nación española, compatible, por supuesto, con la existencia de territorios dotados de sus propias peculiaridades, pero no por eso menos participantes que los demás en la cultura y economía de la totalidad nacional y no menos sometidos que los otros al destino de ésta. En resumen, no todos los españoles participan en las mismas culturas regionales, pero sí todos participan en una misma cultura nacional; no todos los territorios tienen el mismo grado de desarrollo económico, pero sí todos dependen, igualmente, aunque en posiciones distintas, del sistema económico nacional.

Por consiguiente, no tiene sentido, en nuestra opinión, ceder ante opiniones circunstanciales e irreflexivas y sustituir la expresión Nación española —surgida simultáneamente en las Cortes de Cádiz y en los campamentos de la Guerra de la Independencia desde el Bruch o el Puente de San Payo hasta Bailén, y convertida en parte integrante de la tradición liberal del siglo pasado— por la de Estado español, que más bien recuerda la denominación de los tiempos iniciales del franquismo o, en su versión francesa, al régimen de Vichy. A estos argumentos se añaden razones políticas tanto prácticas, como teóricas. En el primer aspecto, la afirmación de la unidad e indivisibilidad de la Nación satisfaría a amplios sectores de la opinión española, sin menoscabar las legítimas aspiraciones regionales. En el segundo aspecto, hemos de recordar que el Estado es una organización que se impone por su *imperium*, mientras que la Nación es una comunidad espontánea que tiene la virtud de generar una lealtad superior a cualquier otra, dando, así, un sólido fundamento al Estado que, sin ella, es una entidad artificial, abstracta y desvitalizada, que sólo precariamente puede ejercer su *imperium*, pues, es bien sabido que ningún poder político se ejerce eficazmente si no se sustenta en un sentimiento de lealtad.

b)   Dada la heterogeneidad de los términos del problema y dado que a condiciones diversas corresponden necesidades y posibilidades diferentes y, a éstas, soluciones distintas, no parece aconsejable y, ni siquiera, posible establecer un *status* autonómico único.

c)   Tampoco parece adecuada para España la solución italiana, cuya Constitución establece por sí misma las regiones de *statuto ordinario* (en total quince) y las de *statuto speciale* (en total cinco), una distinción, por lo demás engañosa, ya que los Estatutos especiales difieren entre sí, y lo propio ocurre entre los ordinarios.

d)   Estimamos, por el contrario, que la Constitución no debe fijar las regiones, sino ofrecer la posibilidad de que las provincias se organicen en conjuntos regionales, estableciendo las condiciones básicas para ello y manteniendo siempre como competencia de los poderes nacionales la creación jurídica de la entidad regional, que en modo alguno, debe considerarse como acto constituyente de la región.

e)   La Constitución debería establecer no un
Estatuto tipo, sino un Estatuto máximo para los
conjuntos regionales, enumerando las materias que
puedan ser de competencia regional y dejando las
no enumeradas al Estado Central, tal como lo hace
la vigente Constitución italiana.

f)   No se nos oculta que una solución de este
tipo puede lesionar la uniformización que parecía
en principio deseable para la organización territorial del Estado; pero, como ha mostrado la teoría de
sistemas, si un sistema quiere ser funcional ha de
poseer una complejidad proporcional a la de su ambiente y admitir diversas posibilidades compatibles
con las líneas básicas de su estructura. Por otra parte, al discutir los futuros estatutos no sería difícil
limitar su heterogeneidad hasta reducirlos en la
práctica a dos o tres niveles.

g)   No tiene mucho sentido ocuparnos aquí de
cuáles deban ser las competencias autonómicas
máximas, ya que la realidad de las cosas nos obliga
a reconocer que ello vendrá dado por los estatutos
concedidos a los catalanes y a los vascos, de manera que son unos actos políticos los que condiciona-
rán los contenidos jurídicos. Dado este supuesto y,
sin poseer los necesarios elementos de juicio, sería
improcedente dar cualquier opinión sobre las garantías jurídicas que deban establecerse para forta-
lecer, a través de nuevas vías integradoras, la unidad
nacional, mantener la compatibilidad de la descen-
tralización con el carácter unitario del Estado, asegurar la funcionalidad de la solución regionalista

(que, entre otras cosas, puede tener la virtud de circunscribir problemas y conflictos a áreas regionales, sin que se extiendan a la totalidad del país) y sus posibles disfuncionalidades, tales como la consolidación de las distinciones entre regiones capitalistas y regiones proletarias, el surgimiento de tensiones y conflictos interregionales, la obstaculización a planificaciones nacionales de diverso orden, etc.

6. LA JURISDICCIÓN CONSTITUCIONAL

Dado que parece que hay consenso en el establecimiento de un Tribunal de Justicia Constitucional o de Garantías Constitucionales, no es necesario argumentar *in extenso* sobre su conveniencia, ni tampoco desarrollar un esquema de sus competencias y procedimientos, sino tan sólo hacer unas consideraciones de principio sobre su función y sobre la modalidad del nombramiento de sus componentes. Un tribunal de tal naturaleza se define, a nuestro juicio, por dos funciones fundamentales: la adaptación de las estructuras políticas actuales al principio de la división de poderes y la defensa de los valores jurídicos, sobre los que se fundamenta la Constitución.

En el primer aspecto, hemos visto en las líneas anteriores la relativización de la distinción clásica entre el Parlamento y Gobierno, como consecuencia de la vinculación de ambos a un mismo o a unos mismos partidos, hecho que ha conducido a algunos autores a sustituir la clásica trinidad de Montesquieu por la dualidad compuesta, de un lado, por los poderes políticos (Parlamento y Gobierno), y, de otro, por la jurisdicción constitucional destinada, esta última, a servir como factor regulador de las posibles extralimitaciones jurídicas de los primeros y, por consiguiente, de garantía de la libertad y de la certeza jurídica a las que debe servir la división de poderes, que en cada momento histórico ha de encontrar nuevas formas de realización.

En un tiempo en el que la generalidad del desarrollo vital de los ciudadanos es impensable sin la intervención del Estado, a cuyas misiones tradicionales se ha añadido la de la «procura existencial», es preciso crear una instancia que mantenga la acción estatal en el nivel constitucional y que defienda a los ciudadanos de las decisiones y manipulaciones de la Administración, quizá ceñidas al reglamento y a la ley, pero no siempre a la Constitución; que mantenga la adecuación entre la racionalidad jurídica y la racionalidad técnica y consecuentemente, defienda a los valores jurídicos frente a los tecnocráticos. La necesidad de esta defensa de la racionalidad jurídica se acentúa si se tiene en cuenta que la coerción de las cosas y la primacía de lo apremiante sobre lo importante, obligan a menudo a hacer las leyes apresuradamente con la consiguiente lesión de la juridicidad, pues, es un hecho que buena parte de la acción del Estado de nuestros días responde a lo que los tratadistas de la teoría de la decisión denominan *the science of muddling through* o, dicho en romance, la ciencia de salir como se pueda. Pero si ello resuelve los problemas inmediatos, no es menos cierto que, de un lado, puede lesionar valores más allá de las contingencias inmediatas y, de otro, puede, a la larga, acrecer las complicaciones y la inseguridad. En este sentido, es preciso que haya una instancia que guarde los valores jurídicos fundamentales del orden constitucional.

Pero los riesgos para la existencia de la Constitución y del orden democrático no vienen tan sólo del mal o del desafortunado uso de los poderes públicos, sino que pueden venir también del abuso de los derechos constitucionales por partidos, grupos o personas con la intención manifiesta de destruir la totalidad del orden constitucional, y de aquí que deba ser función de la jurisdicción constitucional asegurar el valor jurídico de la Constitución como un todo, anterior y superior a cualquiera de sus derechos particularizados. Ello cobra particular importancia en la coyuntura política de nuestro tiempo, en la que si bien es difícil el asalto frontal al Estado y a un orden democrático y libre consolidado, no es menos cierto que dada la complejidad del actual sistema estatal es, en cambio, relativamente fácil erosionar algunas de sus partes componentes a fin de producir bloqueos parciales, cuya acumulación e interacción obstaculicen el funcionamiento del conjunto, hasta llegar a su desestabilización. Una de las armas utilizadas por esta estrategia política de aproximación indirecta es, precisamente, el abuso del ejercicio de los derechos constitucionales sea como escudo para llevar a cabo la acción de desgaste, sea como maniobra para obligar al Gobierno a quebrantar la legalidad y/o la constitucionalidad, socavando, así, sus bases jurídicas de sustentación. Cierto que la conversión de los derechos constitucionales en armas contra la Constitución puede ser limitada por reguladores jurídicos establecidos por el Parlamento y/o el Gobierno. Pero dado el carácter constitucional de los derechos manipulados, es claro que, sin perjuicio de las medidas a cargo del Parlamento y el Gobierno, la vigencia de la Constitución parece requerir que el Tribunal Constitucional pueda entender directamente del abuso de tales derechos en un sentido anticonstitucional sin perjuicio, por puesto, de su fiscalización de las medidas tomadas por los otros poderes públicos. Para facilitar tal función sería conveniente introducir en la Constitución un precepto análogo al artículo 18 de la Ley Fundamental de la RFA*.

Dado que el Tribunal Constitucional es el principal regulador jurídico del sistema constitucional o, dicho de otro modo, el custodio de los valores jurídicos que sustentan a la Constitución, parecería que sus miembros debieran ser juristas totalmente despolitizados. Pero tal exigencia no pasa, de un

---

* «Quien abuse de la libertad de expresión de opiniones, en especial de la libertad de prensa (art. 5, párrafo 1), de la libertad de enseñanza (art. 5, párrafo 3), de la libertad de reunión (art. 8), de la libertad de asociación (art. 9), del secreto de correspondencia, postal y de telecomunicaciones (art. 10), de la propiedad (art. 14) o del derecho de asilo (art. 16, párrafo 2) para luchar contra el orden fundamental libre y democrático, incurre en la pérdida de estos derechos fundamentales. La pérdida y su extensión serán pronunciadas por el Tribunal Constitucional».

lado, de ser una utopía, pues, por muy neutral que se crea ser en materia política, es evidente que en los jueces, como en todo el mundo, están presentes consciente o inconscientemente unas actitudes frente al orden político, social y cultural, y la experiencia enseña que los juristas considerados como «asépticos» muestran, en general, claras tendencias conservadoras; de otro lado, la tendencia al hermetismo jurídico y la correspondiente marginación de lo político sería, incluso, disfuncional, pues, precisamente la función del juez constitucional es encontrar en cada coyuntura el acoplamiento entre los valores jurídicos y las exigencias políticas, sociales, etc. En consecuencia, creemos: i) que el Tribunal debe componerse total o preponderantemente de juristas, los cuales ii) sin ser ajenos a las tendencias políticas no deben caracterizarse por las actitudes polémicas con respecto a ellas y, lo que es más importante iii) que cualesquiera que sean sus tendencias tengan el firme criterio de que en un orden democrático y libre cada función del Estado es una función jurídica y ha de disciplinarse como tal. Claro está que estas exigencias —salvo la primera de ellas— son difíciles de formular en preceptos y que, una vez más, el buen funcionamiento de las cosas dependerá más de las reglas del juego político que de las previsiones constitucionales. En todo caso, nos parece acertado que la autoridad de que deben gozar sus miembros venga de la confianza de los otros poderes constitucionales y, concretamente, que en su nombramiento intervengan, en proporciones y procedimientos a fijar, el Parlamento (por mayoría calificada, por ejemplo de dos tercios) y el Ejecutivo. En este sentido, la Constitución italiana establece que un tercio sea elegido por el Parlamento, otro tercio por el Presidente de la República y el restante por la magistratura; y la austríaca preceptúa que el Presidente del *Bund* nombra, a propuesta del Gobierno, al Presidente, Vicepresidente y la mitad de los miembros del Tribunal Constitucional, y designa a los restantes entre los incluidos en unas ternas presentadas por las Cámaras. Creo que la futura Constitución española podría inspirarse en estos precedentes.

* * *

Al finalizar este escrito me siento obligado a manifestar, de un lado, que soy consciente de lo incompletas que son las consideraciones contenidas en él, de otro lado, que en muchos casos quizá no fueran necesarias y que se hayan hecho objeto de discusión temas o ideas que son claras o sobre las que hay consenso. La lejanía de los acontecimientos y la consiguiente falta de información, puede disculpar la improcedencia de algunas consideraciones.

Caracas, 14 de octubre de 1977

MANUEL GARCÍA-PELAYO

CONSIDERACIONES JURÍDICO-CONSTITUCIONALES SOBRE LA ACTUACIÓN DE S.M. EL REY CON OCASIÓN DE LOS ACONTECIMIENTOS DEL 23/24 DE FEBRERO

I.   ANTECEDENTES DE HECHO

1.   En la tarde del 23 de febrero un Teniente Coronel de la Guardia Civil al mando de una fuerza armada ocupa el Congreso de los Diputados y apresa *in situ* a los parlamentarios y a la totalidad de los miembros del Gobierno, a los que impide, así, toda posibilidad de acción. En el curso de la misma tarde se producen en Madrid otros actos de uso ilegítimo de la fuerza armada, y el Capitán General de

la III Región, en conexión con los acontecimientos de Madrid y sin estar autorizado por sus mandos superiores, ni por las disposiciones legales y constitucionales vigentes, procede a proclamar el estado de sitio y, en su consecuencia, a suspender o a destituir autoridades legítimas y a ocupar militarmente ciertos puntos y zonas de su jurisdicción. Todos estos actos configuran una patente violación del orden constitucional, imposible de ser neutralizada ni por el Congreso, ni por el Gobierno, ya que ambos se encontraban en la imposibilidad de actuar.

2.   Ante esta situación, verdaderamente extraordinaria, Su Majestad el Rey, en su deber de asegurar el funcionamiento regular de las instituciones y en su calidad de Jefe del Estado y de Mando Supremo de las Fuerzas Armadas, procede:

a)   A restablecer el orden jerárquico de la cadena de mando de las Fuerzas Armadas, ordenando a los Capitanes Generales que cualquier medida de carácter militar deberá contar con la aprobación de la Junta de Jefes del Estado Mayor, es decir, del «órgano colegiado superior de la cadena de mando militar de los Ejércitos» (art. 11.1 de la Ley de Defensa Nacional y Organización Militar 6/1980), a quien la fuerza de los acontecimientos ha convertido en el primero de los órganos de dirección y mando de las Fuerzas Armadas, después del Rey, ya que ni el Congreso, ni el Gobierno, ni su Presidente, ni el Ministro de Defensa estaban en condiciones de ejercer las funciones que les atribuyen las leyes.

b)   A neutralizar la perturbación que en el orden civil produjo la captura del Gobierno, instruyendo a los Secretarios de Estado y Subsecretarios, es decir, a los órganos ejecutivos que siguen en jerarquía a los Ministros, para que se constituyeran en comisión permanente a fin de asegurar la gobernación civil del país, en tanto que el Consejo de Ministros estuviera en la imposibilidad de hacerlo.

3.   Con estas medidas quedaron asegurados, bajo la autoridad del Rey, la unidad civil y militar del Estado y, en la Junta de Jefes de Estado Mayor y la Comisión de Secretarios de Estado y Subsecretarios, el funcionamiento regular de las instituciones. No se suspendió ningún derecho fundamental, ni ninguna garantía constitucional. El Capitán General de la III Región anuló en la madrugada del día 24 la declaración del estado de sitio y los actos subsiguientes a la misma. Aproximadamente a las 12 horas del día 24 los Diputados y el Gobierno fueron liberados, quedando, así, restablecido el funcionamiento normal de la totalidad de los órganos constitucionales.

II.   LA SITUACIÓN EXCEPCIONAL

1.   Los hechos sintetizados en el punto I.1 —aparte de la calificación penal que puedan tener— configuran desde el punto de vista jurídico político una situación excepcional. Los sintetizados en el punto I.2

muestran la respuesta ante tal situación y los medios
utilizados para restaurar la normalidad constitucional
y el funcionamiento regular del conjunto de los órganos del Estado. Nuestro tema inmediato es definir la
naturaleza y modalidades de la situación excepcional
en la medida necesaria para los objetivos del presente escrito.

2.   Desde el punto de vista jurídico político, una
situación excepcional se caracteriza por la presencia
real de serios peligros para la existencia del Estado
o del orden y seguridad públicos que no pueden ser
allanados con los medios establecidos por la Constitución y las leyes para tiempos normales, sino que
requieren de la aplicación transitoria de medios excepcionales. Desde el punto de vista jurídico-constitucional, una situación excepcional se define como
aquel estado de cosas que impide la vigencia efectiva de las normas constitucionales y/o el funcionamiento normal de las instituciones u órganos constitucionales establecidos y regulados por ellas.
Tanto las normas como las instituciones han sido
planeadas —y no pueden serlo de otro modo— para
regir o actuar en situaciones normales. Cuando se
produce una situación de anormalidad, cuando se
quebranta gravemente el *substratum* del orden normativo e institucional, es preciso restaurar las condiciones y supuestos para su vigencia, operando por
medios y, eventualmente, por órganos distintos de
los establecidos para la situación ordinaria.

La legitimidad de las medidas excepcionales requiere, en todo caso, lo siguiente:

i) que estén orientadas por la constitucionalidad de sus *fines*, es decir, dirigidas a restablecer la plena vigencia de la Constitución;

ii) que se limiten al *tiempo* indispensable para lograr tal finalidad;

iii) que los *medios* puestos en práctica guarden *proporcionalidad* con la naturaleza de los obstáculos a superar para el restablecimiento efectivo del orden constitucional.

Adelantamos ya que estas condiciones han sido rigurosamente observadas por la acción de Su Majestad en los acontecimientos de los días 23 y 24 de febrero.

En sus orígenes la doctrina constitucional consideró que las medidas excepcionales consistían en actos de necesidad de naturaleza política al margen del Derecho, aunque orientados a su restauración. Con el curso del tiempo se las comenzó a albergar dentro del ámbito jurídico a través de normas de regulación de la *martial law* y del *état de siège*. Posteriormente se ha tratado de constitucionalizarlas en la máxima medida de lo posible, partiendo del principio de que la Constitución debe regir y ser conservada y observada no solamente en los tiempos normales, sino también en situaciones excepcionales, de necesidad o de crisis. Hemos dicho en la medida de lo posible, porque la realidad puede ser más rica que la previsión y generar situaciones imprevistas a las que haya que responder con medios imprevisibles. En todo caso, cabe distinguir

distintas modalidades de enfrentamiento con las situaciones excepcionales, entre las que destacamos
las siguientes:

A)   Medidas de excepcionalidad reguladas por
preceptos constitucionales específicos en los que
se determinan los supuestos de excepcionalidad,
las autoridades competentes para declarar o constatar la situación excepcional, los órganos que deben intervenir para allanarla, los límites y formas
de su acción, el tiempo de vigencia de las medidas
excepcionales, etc. A este tipo de regulación expresa y directa de las situaciones de excepción pertenecen en nuestra Constitución los artículos 116
(estados de alarma, excepción y sitio), 55 (suspen-
sión de ciertos derechos fundamentales para personas determinadas) y 86 (legislación por Decretos-leyes).

B)   Medidas de excepcionalidad en virtud de
una cláusula general: se concentra en una autoridad,
generalmente en el Jefe del Estado, la potestad de
proclamar o constatar la presencia de la situación
excepcional y de tomar las medidas que estime necesarias para superarla, si bien se exige, en general,
la participación y/o la comunicación de las medidas
a otros órganos del Estado. Típica en un tiempo de
las monarquías pre-parlamentarias, ha sido desarrollada en el nuestro por las repúblicas de tendencia
presidencialista, mereciendo citarse en este respecto
el artículo 48 de la Constitución alemana de 1919, el
artículo 16 de la Constitución de la V República Fran-

cesa y la *National Emergency Act* (1976) de los Estados Unidos (vid. anexo 1).

C) Situaciones excepcionales para las que no existen medidas expresas y directas previstas específicamente por preceptos constitucionales orientados única y exclusivamente a tal finalidad, pero que se sustentan jurídicamente en determinados preceptos, en la conexión entre ellos, en los principios derivados de las normas constitucionales o inherentes a ellas y en la concreción del sentido de tales normas conexionándolas con el problema planteado. A este tipo de situaciones excepcionales pertenecen aquellas ante las que no pueden actuar ciertos órganos constitucionales competentes en razón de que la situación fáctica les coloca en la imposibilidad de acción.

Esta situación, si bien es rara en la *praxis* del Derecho constitucional, no es totalmente nueva, sino que ya se planteó en la Primera Guerra Mundial. Se me permitirá que, por razones que no escaparán al lector de este escrito, me extienda un tanto en el caso. La Constitución belga establece en su artículo 25 que todos los poderes emanan de la Nación, los cuales han de ser ejercidos de la manera establecida por la misma Constitución, y en su artículo 21 preceptúa que el poder legislativo se ejerce colectivamente por el Rey, la Cámara de representantes y el Senado. Entre 1914 y 1918, el Rey de los belgas Alberto I, en la imposibilidad de reunir al Parlamento, dada la ocupación militar del país, procede a legislar por Decretos-leyes —lo que no estaba ni previsto ni permitido

por la Constitución— a fin de asegurar la continuidad del Estado y hacer frente a las necesidades béli-
cas. La decisión real fue precedida de un informe del
Presidente del Gobierno (que carecía de toda potestad en el proceso legislativo) en el que se decía lo siguiente: «La Constitución, por la fuerza de las circunstancias no está suspendida, pero es inejecutable
en algunas de sus disposiciones. El poder legislativo,
especialmente, no puede funcionar según las reglas
constitucionales. En la imposibilidad de reunir la Cámara de representantes y el Senado, sólo una de las
tres ramas de este poder, el Rey, puede actuar en
las materias en las que se exige la intervención de
poder legislativo... No hay otra solución que dejar al
Rey el cuidado de disponer» (vid. anexo 2).

Terminada la guerra se planteó el problema de
la constitucionalidad de tales Decretos-leyes. La
Cour de Cassation, después de sentar el principio de
que la continuidad de la soberanía nacional y estatal de Bélgica no se encontraba afectada por el hecho de la ocupación de su territorio por una poten-
cia extranjera, de que la continuidad del Estado es
imposible sin la adopción de medidas legislativas y
de que, por tanto, la permanencia del poder legislativo es un axioma constitucional, en virtud de ello
y mediante conexión del artículo 26 con el 79.3 de
la Constitución belga, establece que, si una rama de
dicho poder está paralizada, pertenece a las restantes o a la restante proceder a la elaboración de las
leyes: de los tres mandatarios de la Nación, dos de
ellos se encontraban en la imposibilidad de ejercer

su mandato. El tercero, es decir, el Rey, ha actuado como único representante de la Nación, como único órgano del poder legislativo con capacidad de acción y, en consecuencia, los Decretos-leyes dictados durante la duración de la guerra son válidos (vid. anexo 3) sin necesidad de ser ratificados por el Parlamento.

Del caso expuesto puede extraerse la doctrina de que cuando una función, un acto o un conjunto de actos han de llevarse a cabo con la intervención de dos o más órganos, y algunos de ellos están en la imposibilidad de actuar, y si la situación de excepcionalidad o de necesidad no permite demora en la actuación, entonces, siempre que ello pueda apoyarse en una interpretación razonable de ciertos preceptos constitucionales, el órgano que conserve la libertad de acción puede y debe actuar momentáneamente por sí solo.

Que los actos realizados sean perfeccionados posteriormente por la intervención de los otros órganos o que se los considere válidos *per se*, son variables que no interesan aquí.

D)   Junto al ejercicio de poderes ante la situación excepcional sustentado sobre preceptos específicamente establecidos para hacer frente a tal situación (2 A) o sobre una cláusula general (2 B) o sobre preceptos constitucionales no específicamente previstos para el enfrentamiento de la situación excepcional pero que pueden aplicarse a ésta (2 C), podemos encontrarnos con aquello que los alemanes designan como derecho de necesidad no escrito (*das ungeschriebene Notrecht*) aplicable a los casos extremos que no pueden ser enfrentados en base a preceptos constitucionales positivos, pero a los que, en todo caso, es preciso enfrentar a fin de salvar al Estado o al orden constitucional. Medidas de este género se han aplicado en los Estados democráticos y muy especialmente en Suiza. La tesis actualmente dominante sostiene que tales actos no sólo pueden ser legítimos, sino que se alojan en la esfera del Derecho o, más bien, de los principios jurídicos constitucionales, siempre que respondan a las condiciones generales a las que nos hemos referido anteriormente, a las que cabe añadir que las medidas han de ser tomadas para la protección de principios y bienes constitucionales más esenciales o valiosos que aquellos a los que se ignora. Dicho de otro modo: puede suspenderse o ignorarse una parte de la Constitución si ello es condición para salvarla como un todo.

III. ANÁLISIS CONSTITUCIONAL DE LOS ACTOS DEL REY

1. INTRODUCCIÓN

Las medidas tomadas por el Rey ante los acontecimientos del 23/24 de febrero están dentro del tipo II, 2, B), es decir, se sustentan en la conexión de varios preceptos constitucionales, en cuya virtud pudo hacerse frente a la situación excepcional manteniendo la vigencia de la Constitución, que no fue suspendida ni en un solo momento, y se devolvió en brevísimo plazo la capacidad de acción a los órganos constitucionales que habían sido puestos en la incapacidad de actuar. Los preceptos constitucionales en cuestión son fundamentalmente el artículo 61 (deber de hacer guardar la Constitución), el 56.1 (funcionamiento regular de las instituciones), el 8 (misión constitucional de las Fuerzas Armadas), el 62.*h*) (mando supremo de dichas fuerzas) y los 56.3 y 64.1 (refrendo ministerial). A continuación analizaremos cada uno de ellos para proceder después a una síntesis. Pero previamente consideramos, si no necesario, sí conveniente referirnos a algunos principios interpretativos de las normas constitucionales. Tales principios son los siguientes:

i) Ninguna interpretación puede conducir a un absurdo: ninguna interpretación de los preceptos de la Constitución puede desembocar en la aniquilación de la misma.

ii) La Constitución no es una mera suma o agregación de preceptos, sino una unidad interna, una totalidad lógica y teleológica que posee, como tal totalidad, unas propiedades de las que carecen las partes. En consecuencia y salvo casos atípicos, el significado de cada uno de sus preceptos sólo puede obtenerse como resultado de su conexión con el significado de los demás y con los principios constitucionales en parte enunciados como decisiones fundamentales y en parte deducibles del conjunto y articulación de los preceptos.

iii)   Los preceptos constitucionales suelen tener un contenido indeterminado, genérico, abstracto que necesita ser concretizado mediante la interpretación. Tal concretización sólo es posible mediante la conexión de la norma con la realidad que trata de ordenar, lo que, como dice el profesor Hesse, implica que la norma ha de ser interpretada partiendo de la situación histórica concreta en que tiene lugar la interpretación y de acuerdo con la naturaleza del problema concreto planteado *hic et nunc*, aquí y ahora.

iv)   Las normas constitucionales que atribuyen funciones o equipan de competencias a los órganos no han de ser interpretadas de manera que resulte contradictoria con la unidad del poder del Estado y del ordenamiento constitucional, sino teniendo en cuenta sus efectos unitarios e integradores.

2.   EL DEBER DE GUARDAR LA CONSTITUCIÓN

El artículo 61 de la Constitución impone al Rey el deber de guardar y hacer guardar la Constitución y las leyes.

El hecho de que este deber se incluya en la fórmula de juramento no disminuye, sino que acrecienta su relevancia jurídica, pues, en efecto, un *iuramentum promisorium* de naturaleza constitucional sirve a ciertas necesidades que no puede satisfacer la norma constitucional ordinaria, y tiene efectos más intensos que ésta.

En este sentido, se ha destacado, con razón, la importancia del juramento constitucional, dado que;

por muy previsora o racionalizada que pueda ser una Constitución, ha de contar con la existencia de algunos órganos y con la eventualidad de algunas situaciones que escapan por su naturaleza a todo intento eficaz de reglamentarlos íntegramente por normas jurídicas rigurosas. Mientras más esencial es un órgano para el orden constitucional, tanto más es necesario reconocer que la ley no alcanza a disciplinar siempre y cumplidamente el modo de ejercicio de las funciones y muy especialmente en aquellas situaciones en las cuales el respeto puramente externo y formal de la norma puede transformarse en graves y substanciales infidelidades al conjunto y la esencia del ordenamiento constitucional en el que se alberga la norma (vid. P. GROSSI: «Appunti in tema di iuramento», en *Rivista Trimestrale di Diritto Publico*, t. XVIII, 1968, pp. 1324 ss.). Es necesario insistir en que el juramento no está fuera del ordenamiento jurídico, sino contenido en él como «forma extrema de garantía prevista por el ordenamiento jurídico para su propia estabilidad en cuanto que proyecta sobre el plano religioso o sobre el moral el empeño de observar determinados deberes emanados del Derecho positivo» (G. LOMBARDI: «Giuramenti», en *Novissimo Digesto Italiano*). La conducta a la que compromete el juramento no es, pues, extraña al orden jurídico, sus deberes son deberes jurídicos, pero con fuerza más intensa que los impuestos por otras especies normativas en cuanto que se pone a Dios por testigo de la verdad de la promesa. De ello se deduce que, si la Constitución hace prestar el juramento de hacerla guardar, la misma Constitución no puede negarle a quien lo presta los medios para su cumplimiento.

Y si bien es verdad que el actual titular de la Corona no pronunció formalmente el juramento, puesto que tal prestación está prevista para la proclamación del Rey ante las Cortes, y el actual Rey no tenía que ser proclamado puesto que ya existía como tal, no es menos cierto que al sancionar la Constitución ante las Cortes asumió la integridad de todos los deberes contenidos en ella, entre los que se cuenta el de hacerla guardar. Es decir, asumió el compromiso contenido en el juramento, de un juramento que no era necesario prestar, puesto que en este caso concreto no tenía *virtus constitutiva* (ya que el Rey existía como tal), al tiempo que su *virtus declarativa* era absorbida por la fórmula de la sanción.

En conclusión, es deber jurídico del Rey guardar y hacer guardar la Constitución, deber que Su Majestad ha realizado cumplidamente ante los acontecimientos de febrero, no solamente en función del deber genérico de guardar la Constitución, sino también en virtud de otros preceptos a los que nos referimos a continuación.

3. EL FUNCIONAMIENTO REGULAR
    DE LAS INSTITUCIONES

El artículo 56.1 de la Constitución dice que el Rey arbitra y modera el funcionamiento regular de las instituciones. Arbitrar y moderar son vocablos de tradición constitucional decimonónica, pero con significado equívoco en el presente, que no ha sido aclarado, que yo sepa, por los comentaristas del texto constitucional. Bien podría sostenerse que entre las interpretaciones del vocablo «arbitra» se encuentra la de buscar y aplicar los medios para conseguir un resultado, que sería en nuestro caso el funcionamiento regular de las instituciones. Sin rechazar esta concretización del precepto, es claro que la misión de arbitrar y moderar las instituciones tiene como supuesto el funcionamiento efectivo de éstas, lo que, traducido a términos jurídicos, puede expresarse diciendo que quien tiene una misión que cumplir ha de tener los poderes implícitos que son condición para cumplirla: tal ha sido la doctrina mantenida a lo largo de su historia por el Tribunal Supremo de los Estados Unidos en el ejercicio de su jurisdicción constitucional. Ahora bien, la función de arbitrar y moderar que la Constitución asigna al Rey en su calidad de Jefe del Estado sólo era posible devolviendo al Congreso y al Gobierno su libertad de acción.

En este sentido, las medidas tomadas por Su Majestad no han significado el ejercicio de poderes que correspondan a otros órganos del Estado, sino, por el contrario, la de situar a estos órganos en condiciones de ejercerlos. Así pues, a través de las medidas tomadas, el Rey realizó el mandato constitucional de asegurar el funcionamiento regular de unos órganos constitucionales cuyos titulares estaban en la imposibilidad material de cumplir sus funciones.

4. LAS MEDIDAS MILITARES

Los acontecimientos del 23/24 de febrero protagonizados por individuos y unidades de las Fuerzas Armadas y, en todo caso, militarmente organizados y mandados, no solamente configuraban un quebrantamiento de la globalidad del sistema constitucional y de la función que la Constitución asigna a las Fuerzas Armadas, sino también de la unidad y disciplina de la propia institución militar. Este doble quebrantamiento del ordenamiento constitucional y del ordenamiento militar, sólo podía ser neutralizado por la acción de aquella institución que forma el vértice entre el ordenamiento constitucional (en su calidad de Jefe de Estado) y el ordenamiento militar (en su calidad de mando supremo de las Fuerzas Armadas que le corresponde en tanto que Jefe del Estado).

A) El artículo 8 de la Constitución asigna a las Fuerzas Armadas, entre otras misiones, la de defender el ordenamiento constitucional. Este precepto se encuentra ratificado y fortalecido por el artículo 2 y 23.1 de la Ley de Defensa Nacional y de la Organización Militar (Ley Orgánica 6/1980), así como por varios artículos de las Reales Ordenanzas, las que señalan, además, que la disciplina (a la que define como el factor integrador de los Ejércitos) tiene su expresión colectiva en el acatamiento a la Constitución (art. 26) y establece incluso una limitación del deber de obediencia al superior cuando la ejecución de sus órdenes entrañe actos que «manifiestamente» configuren un delito contra la Constitución (art. 34).

De tal normatividad se deduce que las Fuerzas Armadas son parte integrante del ordenamiento constitucional, son —para emplear un término del Derecho Público alemán, no sólo referido a las Fuerzas Armadas— «una institución de relevancia constitucional», puesto que la misma Constitución les asigna una función con respecto a ella. De esta situación institucional se desprende no sólo que sus miembros —de soldado a General— no deben hacer nada contrario a la Constitución, sino también que han de hacer todo lo necesario —dentro, naturalmente de las relaciones de *supra* y subordinación inherentes a la organización militar— para la defensa de la Constitución, defensa que no es sólo un objetivo exterior a la institución armada misma, sino también condición de su propia disciplina, es decir, de su propio factor de cohesión. Así pues, defender a la Constitución no es solamente defender el orden jurídico político dado por el pueblo español y ratificado por el Rey, sino que es, simultáneamente, defender la disciplina, es decir, lo que cimenta y hace eficaces a los Ejércitos y los diferencia de la *soldateska*.

Tal es la doctrina que se corresponde con la razón de ser y con las condiciones de existir de las Fuerzas Armadas, principios reconocidos en las Reales Ordenanzas. (No vamos a entrar aquí en la compleja naturaleza jurídica de las Reales Ordenanzas: dire-

mos solamente que si estrictamente hablando quizá
no sean siempre y en todo caso preceptos rigurosamente legales, son más que ello, pues constituyen el
tronco y fundamento del ordenamiento militar, al
menos en el sentido de que —siempre bajo la superior autoridad de la Constitución— ningún precepto
positivo podrá ser interpretado de forma que contra-
diga manifiestamente la letra y el espíritu de las Reales Ordenanzas.)

B)   El artículo 61.*h*) de la Constitución establece que le corresponde al Rey el mando supremo de
las Fuerzas Armadas, precepto ratificado por el artículo 2 de las Reales Ordenanzas, y por el artículo 5
de la Ley de Defensa Nacional y Organización Militar (6/1980). Nuestra tarea es tratar de aproximar-
nos a lo que significan los vocablos «mando» y «supremo» utilizados por nuestra Constitución y por
las leyes mencionadas.

La palabra «mando», muy especialmente en los
Ejércitos de nuestro tiempo, encierra una gran complejidad funcional y estructural (orgánica), que se
acrecienta a medida que se asciende en la escala de
su ejercicio, complejidad en la que ni necesitamos,
ni podemos detenernos aquí. Por consiguiente, hemos de limitarnos a aquello que constituye el contenido esencial del mando, a aquello sin lo cual sería una palabra vacía de sentido, pues no hay que
pensar que la Constitución y las leyes incluyan palabras sin contenido y sin sentido. En su significación esencial, mando significa el poder de dar órdenes o directivas de imperativo cumplimiento a la

fuerza armada a fin de lograr un objetivo. Es claro que tan genérico concepto necesitará ser matizado en cada caso: el mando puede ser legítimo o usurpado; sus órdenes pueden ser individualizadas y/o para una sola acción o pueden articularse en complejos planes de acción; puede limitarse a fijar los objetivos dejando la elección del *modus operandi* al mando subordinado o puede ordenarle también el modo de actuar; puede ser actual, cuando es ejercido efectivamente, o puede ser potencial de manera que sólo se traduzca en actos cuando se den ciertas condiciones o coyunturas; puede comprender temas de organización, disciplina, instrucción, jurisdicción, etc. Pero, en todo caso, a la esencia y existencia del mando pertenecen los rasgos con los que lo hemos definido.

El mando se ordena en una jerarquía que va desde el Comandante Supremo hasta el Cabo. Si bien la eficacia de su ejercicio exige que se desarrolle de arriba a abajo siguiendo los grados de la jerarquía es, sin embargo, un principio inherente a toda organización jerárquica racionalizada e institucionalizada (en la que los grados no se tienen a título privado o semi-privado, como era, por ejemplo, el caso del feudalismo puro) que, ante un vacío o deficiencia en la cadena de mando, el superior pueda asumir transitoriamente las funciones que corresponden al mando inferior o que el mando inferior pueda responsabilizarse, dados ciertos supuestos, de las funciones que corresponden al superior, sea por iniciativa del superior mediato, sea dando cuenta a éste en el plazo más breve posible. En todo caso, es claro que la organización jerárquica —columna vertebral del Estado tanto en el orden civil como en el militar— no admite vacíos, de modo que cuando se producen es preciso llenarlos inmediatamente desde el punto de vista funcional y, después (si ha lugar), desde el punto de vista orgánico.

Estas someras reflexiones sobre el mando —que no estimamos del todo inútiles para los objetivos de este escrito— deben ser ahora complementadas con otras sobre el significado del adjetivo «supremo». El mando supremo es el vértice y comienzo de la escala de mando y que, por tanto, no recibe órdenes de nadie, estando sometido tan sólo a la Constitución y a la ley, pues, en un Estado de Derecho lo único supremo son las normas jurídicas. Pero más allá de estas evidencias, el mando supremo tiene unas características específicas. Para determinarlas quizá convenga distinguir entre los siguientes conceptos: i) Poder *de* las Fuerzas Armadas, por el que se entiende la energía actual o potencial de éstas para lograr uno o unos objetivos venciendo las resistencias mediante la aplicación de la violencia física organizada y tecnificada; este poder no es imputable a nadie en concreto, sino que es el resultado de la acción del conjunto de la fuerza militar cuyo éxito o fracaso depende, sin embargo, de una serie de variables; ii) Poder *en* las Fuerzas Armadas, es decir, el poder que sobre los individuos y unidades de éstas ejercen los mandos internos de las Fuerzas

Armadas con arreglo a su lugar jerárquico; iii) Poder *sobre* las Fuerzas Armadas, que en un Estado bien ordenado —desde las monarquías absolutas hasta los Estados socialistas de nuestro tiempo— corresponde a las instancias políticas del Estado y no a los mandos internos de la organización militar. Este principio, que en las viejas monarquías era evidente, fue recogido en los comienzos del moderno constitucionalismo: «La force publique» —dice la Constitución francesa de 1791— *est essentiellement obéissante; nul corps armé ne peut deliberer.* Sólo órganos del Estado extraños a la organización militar *sensu stricto* pueden decidir sobre la disposición y uso de las Fuerzas Armadas para los fines del Estado, bien que asesorados por los órganos competentes de éstas.

En el caso de España, los órganos dotados de poder *sobre* las Fuerzas Armadas son, en el ámbito de sus respectivas competencias, los mencionados en los artículos 5 al 10 de la Ley Orgánica 6/1980, a partir de los cuales comienza el mando *en* las Fuerzas Armadas. El Rey es, a la vez, Jefe del Estado y Mando supremo de las Fuerzas Armadas, y desde ambos puntos de vista tiene el deber de hacer guardar la Constitución. Cierto que los atributos del mando supremo investido en el Rey son normalmente potenciales (salvo en lo que respecta a las funciones representativas y honoríficas que, en uno u otro grado, van adheridas a los mandos militares superiores) o han de ser ejercidos a través del refrendo ministerial. Pero cuando se produce una situación como la del 23 de febrero, tales poderes o atributos pueden convertirse en actuales, si su actualización es una exigencia necesaria para restaurar la vigencia efectiva de los ordenamientos constitucional y militar, pues, ningún órgano del Estado puede eludir sus deberes bajo el pretexto de que necesite para ello la cooperación de otros órganos si, como en el caso presente, éstos estaban en la incapacidad de actuar. El Rey, al ordenar a los Capitanes Generales la obediencia a la Junta de Jefes de Estado Mayor, restauró la autoridad del órgano superior de mando *en* las Fuerzas Armadas, ignorada por los protagonistas de los acontecimientos y especialmente por su subordinado inmediato, es decir, por el Capitán General de la III Región Militar. El Rey, pues, no solamente hizo cumplir a las Fuerzas Armadas la misión que les asigna el artículo 9 de la Constitución y otros preceptos legales, sino también las Reales Ordenanzas y la Ley de Defensa Nacional y Organización militar que establece la línea legítima de mando tanto *sobre* las Fuerzas Armadas como *en* las Fuerzas Armadas. La restauración del ordenamiento militar era condición indispensable para la restauración del funcionamiento efectivo del orden constitucional. Los actos del Rey fueron los estrictamente necesarios para tales finalidades y no rebasaron el tiempo indispensable para ello. El Rey, al ejercer su mando, restableció la unidad y disciplina de la institución militar y, como consecuencia de ello, pudo asegurar la vigencia efectiva de la Constitución.

5. Las medidas civiles

También en el orden civil, el Rey tomó las medidas necesarias para asegurar el funcionamiento regular de las instituciones, promoviendo, a tal efecto, una Junta de Secretarios de Estado y Subsecretarios para que aseguraran la continuidad del Estado ejerciendo las funciones gubernamentales durante el tiempo en que el Gobierno se viera en la imposibilidad de hacerlo. Del mismo modo que en el orden militar se dio cumplimiento no sólo a la Constitución, sino también a las leyes reguladoras de las Fuerzas Armadas, así también en el orden civil las medidas promovidas por la iniciativa y autoridad del Rey encontraban su apoyo en la Ley de Régimen jurídico de la Administración del Estado (art. 15) y en el Decreto 1.558/1977, de 4 de julio, que establece las funciones de los Secretarios de Estado. Respetando y dando cumplimiento a la ordenación jerárquica del Estado y a la coordinación de los poderes públicos, ambas Juntas, «de manera transitoria y bajo la dirección y autoridad de Su Majestad el Rey» —es decir, del vértice del orden civil y militar del Estado—, cooperaron entre sí para garantizar la vigencia del orden constitucional y la continuidad estatal.

6. El refrendo ministerial

Parece un tanto ridículo tener que ocuparse, en el presente caso, del refrendo ministerial de los actos del Rey cuando tales actos fueron políticamente refrendados al día siguiente por el aplauso del Gobierno, de las Cortes, de los partidos y por todo el pueblo español. Parece un tanto estúpido plantear si la liberación del Parlamento y del Gobierno está de acuerdo con el régimen de gobierno parlamentario. Pero, como quiera que sea, estamos obligados a decir unas palabras sobre el tema.

Es cierto que la Constitución establece en sus artículos 56.3 y 64.1 que los actos del Rey serán refrendados (salvo en casos especificados) por el Presidente del Gobierno o, en su caso, por los ministros. No se trata de una norma baladí, sino de un precepto troncal y esencial al régimen parlamentario, forma política del Estado español según una de las decisiones fundamentales de nuestra Constitución (art. 1.1). Pero, como hemos dicho anteriormente, ningún precepto constitucional puede interpretarse de forma que conduzca a un absurdo o al aniquilamiento de la Constitución, a la vez que la concretización de un precepto ha de hacerse teniendo en cuenta la peculiaridad del caso planteado.

Precisando más las cosas, podemos afirmar lo siguiente:

i)   Los actos llevados a cabo por el Rey no han ignorado el refrendo ministerial, sino que, por el contrario, han puesto al Gobierno y a los ministros en la situación de ejercerlo y han situado al mismo Rey en condición de que sus actos sean, en efecto, refrendados por los ministros tal como establece la Constitución.

ii)   Toda interpretación constitucional tiene que actuar ponderando los valores constitucionales afectados. No ignorarnos, sino que bien claro lo hemos puesto de manifiesto, el valor substancial del refrendo ministerial. Pero tampoco ignoramos que, por substancial que sea este refrendo, sólo puede ejercerse si existe un ordenamiento constitucional que lo sustente.

iii)   Como reiteradamente hemos dicho, ningún órgano del Estado puede eludir sus deberes de mantener la continuidad del Estado y del orden constitucional, aunque sus actos necesiten de la cooperación de otros órganos, si éstos se encuentran transitoriamente en la incapacidad de actuar. Las funciones del Estado tienen que mantenerse en cualquier circunstancia y el orden constitucional global ha de ser conservado y defendido en toda eventualidad. A tal fin, el único órgano con capacidad de acción ha de tomar las medidas que devuelvan a los otros órganos las atribuciones que les asigna la Constitución.

IV.   CONCLUSIÓN

Los actos llevados a cabo o promovidos por el Rey tuvieron como resultado que la Constitución no cesara en ningún momento de tener vigencia, aún frente a la violación grave de sus normas y al bloqueo del funcionamiento de sus instituciones por parte de los sediciosos. Ello fue así en razón de que no se suspendió ningún derecho o libertad fundamental y de que las acciones emprendidas por el Rey o por su iniciativa se basaron siempre y en todo caso en preceptos constitucionales concretos y en la relación entre ellos, tal como se desprende de las páginas precedentes de este escrito. Dichos actos estuvieron siempre orientados por la constitucionalidad de los fines y de los medios, y se limitaron al tiempo y a las acciones indispensables para asegurar el funcionamiento regular de las instituciones.

ANEXO 1

1.   Artículo 48 de la Constitución alemana de 1919.

> *Art. 48.*   Cuando un *land* no cumpla los deberes que le imponen la Constitución o las leyes del *Reich*, el Presidente de éste podrá obligarle a ello con ayuda de la fuerza armada.
>
> Cuando en el *Reich* alemán se hayan alterado gravemente o estén en peligro la seguridad y el orden públicos, el Presidente del *Reich* puede adoptar las medidas indispensables para el restablecimiento de dicha seguridad y orden públicos, incluso con ayuda de la fuerza armada en caso necesario. A este efecto, puede suspender temporalmente en todo o en parte los derechos fundamentales fijados en los artículos 114, 115, 117, 118, 123, 124 y 153.
>
> De todas las medidas que adopte con arreglo a los párrafos 1.º y 2.º de este artículo, el Presidente del *Reich* habrá de dar conocimiento inmediatamente al *Reichstag*. A requerimiento de éste, dichas medidas quedarán sin efecto.
>
> El Gobierno de un *land* podrá aplicar provisionalmente en su territorio medidas de las expresadas en el párrafo 2.º de este artículo cuando el retraso en adoptarlas implique peligro. Tales medidas quedarán sin efecto, si lo reclaman el Presidente del *Reich* o el *Reichstag*.

2.   Artículo 16 de la Constitución de la V República Francesa.

> Lorsque les institutions de la République, l'indépendance de la Nation, l'intégrité de son territoire ou l'exécution de ses engagements internationaux sont menacées d'une manière grave et immédiate et que le fronc-

tionnement régulier des pouvoirs publics constitutionnels est interrompu, le Président de la République prend
les mesures exigées par ces circonstances, après consul-
tation officielle du Premier ministre, des présidents des
assemblées ainsi que du Conseil constitutionnel.

Il en informe la Nation par un message.

Ces mesures doivent être inspirées par la volonté
d'assurer aux pouvoirs publics constitutionnels, dans les
moindres délais, les moyens d'accomplir leur mission.
Le Conseil Constitutionnel est consulté à leur sujet.

Le Parlement se réunit de plein droit.

L'Assemblée nationale ne peut être dissoute pendant l'exercice des pouvoirs exceptionnels.

3.   National Emergency Act (1976) de Estados Unidos. Sec. 201 (a) y (b).

In the event the President finds that the proclamation of a national emergency is essential to the preser-
vation, protection, and defence of the Constitution,
and is essential to the common defense, safety, or
well-being of the territory and the people of the United States, the President is authorized to proclaim the
existence of a national emergency. Such proclamation
shall thereupon be made public, and shall be publi-
shed immediatcly in the Federal Register.

Any provisions of law conferring powers and au-
thorities to be exercised during a national emergency
shall be effective and remain in eficet with respect to
national emergency (1) only when the President (in
accordance with subsection (a) of this section), spe-
cifically declares a national emergency, and (2) only is
accordance with this Act. No law enacted after the
date of enactment of this Act shall supersede this title
unless it does so in specific terms, referring to this title, and declaring that the new law supersedes the provisions of this title.

ANEXO 2

Informe del Presidente del Gobierno belga que precede al Decreto-ley de 26 de diciembre de 1914.

«Sire, la Constitution est, de par la force des circonstances, non point suspendue, mais inexécutable dans certaines de ses dispositions. Le Pouvoir législatif notamment ne peut fonctionner selon les règles constitutionnelles. Dans l'impossibilité où l'on se trouve de réunir la Chambre des représentants et le Sénat, une seule des trois branches de ce pouvoir peut agir, le Roi, pour les matières où l'intervention du pouvoir législatif est exigée, telle l'autorisation annuelle de percevoir des impôts et la fixation du budget des dépenses de l'État. Il n'y a des lors d'autre solution que de laisser au Roi seul le soin de disposer».

(Citado por Pierre WIGNY
en *Droit Constitutionnel*, Tome 1.ᵉʳ,
Bruxelles, Bruylant, 1952).

ANEXO 3

Parágrafos 45 a 56 sobre «Les arrétés-lois» en la voz *Pouvoir Législatif* en *Repertoire pratique du Droit Belge*, Bruxelles 1949-1967.

45. Du point de vue constitutionnel, les arrêtés-lois peuvent être envisagés sous deux aspects distincts:
1.º Quant à la forme: le Roi pouvait-il constitutionnellement édictor sans le concours des Chambres des mesures de caractère législatif?
2.º Quant au fond: les mesures décrétées sous forme d'arrêtés-lois sont-elles, quant à leur contenu, conformes aux règles établies par la Constitution?

46. L'analyse de chacun des arrêtés-lois sort des limites de ce traité. Nous nous bornerons donc à exposer ici la théorie des arrêtés-lois dans leur généralité et du point de vue de la prérogative exceptionnelle qui a été reconnue au chef de l'État.

47. La loi du 4 août 1914 avait confié au Roi, pour la durée du temps de guerre, des pouvoirs exceptionnels dont l'objet était limité à des mesures d'ordre économique. Lorsque l'occupation ennemie se fut étendue à la presque totalité du territoire, et qu'il devint impossible de convoquer le Parlement, il fallut, pour assurer la défense nationale et la maintenance de l'ordre, abroger, suspendre ou modifier des lois sans que le gouvernement put s'autoriser, à cette fin, des pouvoirs limités que la loi du 4 août 1914 lui avait accordés. Le Roi prit donc, sous la responsabilité collective des Ministres, un certain nombre d'arrêtés établissant des règles de caractère nettement législatif, qui priront le nom d'arrêtés-lois.

48. Les arrêtés-lois sont étrangers à notre régime constitutionnel. Pareilles mesures constituent-elles des actes du pouvoir réglementaire ou des actes législatifs?

La doctrine et la jurisprudence leur ont attribué le caractère de véritables lois. Prises par le gouvernement légal, elles émanent de la puissance législative concentrée, par une nécessité inéluctable, dans la personne du Roi (Bruxelles, 19 mai 1919, *Pas.*, II, 86; REMY, «De la validité originelle des arrêtés-lois», *B. J.*, 1919, 897).

49. Comment faut-il apprécier la valeur juridique des arrêtés-lois?

Leur validité n'est plus guère contestée aujourd'hui.

Mais à quel titre le Roi a-t-il pu, au cours de la guerre, exercer valablement le pouvoir législatif sans le concours des Chambres? Cette question reste l'objet de controverses.

50. Le Gouvernement belge fixé à Sainte-Adresse durant la guerre n'était donc pas fondé à invoquer la nécessité pour suspendre lui-même la Constitution.

Et, de fait, tel n'était pas le problème juridique qu'il avait à résoudre. Il s'est trouvé devant l'*impossibilité matérielle* de réunir les Chambres. Ce n'est pas le gouvernement qui a suspendu la Constitution: elle était suspendue, malgré lui, par le fait brutal de l'occupation du pays. Aussi, ni le gouvernement, lorsqu'il fut amené à légiférer par voie d'arrêtés-lois, ni les tribunaux, lorsqu'ils furent appelés à les appliquer, ne recoururent-ils à la thèse de la nécessité pour en établir le fondement juridique. En soumettant à la signature du Roi le projet qui est devenu l'arrêté-loi du 26 décembre 1914 relatif à la perception des impôts et aux dépenses de l'État en 1915, le Ministre des finances justifiait cette mesure par le souci d'appliquer selon leur esprit, dans les circonstances exceptionnelles du moment, les principes constitutionnels en matière de finances publiques. Dans l'impossibilité où se trouvaient les Chambres de se réunir le pouvoir législatif se concentrait dans les mains du Roi.

51. Cette théorie, esquissé par le gouvernement, fut reprise et précisée par la cour de cassation. La légalité des arrêtés-lois repese sur les principes fondamentaux du droit public. L'occupation est un état de fait qui ne porte pas atteinte à la souveraineté nationale du pays occupé. La souveraineté de l'État belge n'a jamais subi d'interruption. Or, il n'y a pas d'État sans un gouvernement et il n'est pas un gouvernement qui puisse se passer de lois. La permanence du pouvoir législatif est un axiome constitutionnel. La disposition prise par la Constitution pour le cas de vacance du trône (art. 79, § 3) montre que, dans notre système constitutionnel, si une branche du pouvoir législatif est paralysée, il appartient aux deux autres de pourvoir à la confection des lois. Des trois mandataires de la Nation, deux étaient

dans l'impossibilité d'exercer leur mandat. Le troisième s'est géré comme unique représentant de la Nation. C'est donne par application des principes constitutionnels que le Roi, seul organe du pouvoir législatif ayant conservé la possibilité d'agir, a édicté les arrêtés-lois (cass., 11 févr. 1919, *Pas.*, I, 14, et les conclusions du procureur général, p. 9; 27 avril 1920, *Pas.*, I, 124).

52. Personne ne conteste que la permanence de la Nation et la continuité de la fonction législative soient des postulats du droit public, ni que le Roi des Belges ait réuni en sa personne, au cours de la guerre, tous les attributs de la souveraineté. Mais on s'est demandé si, juridiquement, il était possible de faire dériver des règles constitutionnelles, sans en dénaturer le sens, cette concentration des pouvoirs entre les mains du Roi. Ne valait-il pas mieux l'appuyer sur les principes supérieurs du droit public et du droit des gens, lesquels autorisent un État qui subsiste et ne veut pas mourir, à s'incarner momentanément dans les organes où se révèle et se concentre la volonté de la Nation? (*Rev. adm.*, 1919, 203).

Il est permis de croire que, si le Roi fut investí de tous los pouvoirs de la souveraineté, ce fut avant tout parce qu'il était le seul représentant autorisé de la Nation et le seul interprète de ses volontés.

53. Les arrêtés lois pris pendant la guerre ne sont donc pas des actes du pouvoir exécutif, mais bien des actes du pouvoir législatif. Aussi le gouvernement a-t-il jugé à bon droit qu'il n'avait à solliciter des Chambres ni «bill» d'indomnité, ni ratitication législative des arrêtés-lois.

54. La cour de cassation a jugé que les arrêtés-lois conservent leur force obligatoire indépendamment de toute ratification ultérieure des Chambres (cass., 27 avril 1920, *Pas.*, I, 124; dans le même sens, Remy, «De la validité originelle des arrêtés-lois», *B. J.*, 1919, 897; voy. v.º *Constitution*, n.ᵒˢ 39 et suiv.).

55.   La notion traditionnelle du «bill» d'indemnité suppose, en effet, que le gouvernement a été contraint de se substituer au pouvoir législatif, dont la fonction n'était pas suspendue.

Dans cette hypothèse, des nécessités impérieuses déterminent le gouvernement à renoncer à la procédure ordinaire de la confection des lois. C'est parce que, en principe, cette procédure normale était possible que le gouvernement doit se faire couvrir. Le «bill» d'indemnité implique donc le fonctionnement normal de l'appareil législatif.

56.   La ratification peut, il est vrai, suppléer au défaut de cette procédure normale. Mais le pouvoir législatif serait impuissant à sanctionner des arrêtés-lois qui porteraient sur des matières réservées au pouvoir constituant. Cette ratification excéderait sa compétence aussi bien que celle du gouvernement.

TERCER DICTAMEN

INFORME SOBRE LOS ARTÍCULOS 62.A) Y 91 DE LA CONSTITUCIÓN ESPAÑOLA
Madrid, noviembre de 1983

I

El presente escrito ha adquirido una extensión que el autor no hubiera deseado, pues comparte la opinión de que si lo bueno es breve es dos veces bueno, pero dados los motivos por los cuales entiende que se le ha solicitado este informe le ha parecido conveniente, en la medida de lo posible, tratar exhaustivamente el tema.

En primer lugar, ha entendido conveniente referirse a algunos criterios interpretativos destinados a mostrar que ningún precepto jurídico puede interpretarse aisladamente, sino sólo en conexión con su contexto normativo; que los vocablos con los que se expresan los conceptos cambian de significación con el curso del tiempo, y que una cosa es la interpretación en abstracto y otra la de un caso y situación concretos. Estas consideraciones previenen contra interpretaciones ingenuas o, eventualmente, mal intencionadas, a la vez que establecen los criterios orientadores para el ulterior desarrollo de este escrito.

A fin de obtener los necesarios elementos de juicio sobre el tema, se ha creído necesario desarrollar unas consideraciones históricas destinadas a mostrar la evolución de la sanción tanto en el Derecho constitucional positivo como en su práctica jurídico-política, lo que nos lleva a la conclusión de que, si bien la sanción es incluida en todas las Constituciones monárquicas del siglo xix, ello se apoya en otro precepto que considera expresamente al Rey como participante en el poder legislativo, y que, en la práctica, la negativa a sancionar las leyes cayó en desuso en todos los países, incluida España.

A continuación se ocupa de la doctrina de los tratadistas en la que se muestran los puntos de apoyo que el ejercicio de la sanción regia tenía en la teoría del Estado del siglo pasado y cómo tales puntos de apoyo decrecen a medida que se avanza hasta el presente.

II

Se entra después en el planteamiento del problema en el sistema constitucional español actual, comenzando por mostrar la pérdida de vigencia de los puntos de apoyo mantenidos por los tratadistas del pasado siglo. Se muestra a continuación cómo la doctrina de los tratadistas españoles del presente es contraria al uso efectivo de la sanción, a la que, en términos generales, reducen a una formalidad. A fin de examinar todas las previsibles aproximaciones al tema, se imaginan algunos argumentos posibles a favor de su uso efectivo dentro de la Constitución española, si bien se los considera como carentes de fundamento.

A continuación se desarrolla la propia opinión sobre el tema teniendo en cuenta su inserción en el tiempo y en el marco del régimen parlamentario. Entre los argumentos desarrollados en esta parte considero como capitales los expuestos en el punto ii), en el que se afirma que las posibles limitaciones a la potestad legislativa de las Cortes son competencia del Tribunal Constitucional; el punto iv), que pone de manifiesto las graves consecuencias jurídico-políticas que tendría la negativa de sanción por parte del Rey, y el punto vi), en que se analiza la posición del Rey y del Presidente del Gobierno en el acto de la sanción de las leyes, así como la naturaleza que hoy parece tener este acto.

Pero, considerando que en la vida política es preciso contar siempre con la posibilidad de una situación verdaderamente excepcional, se admite que en una situación de tal naturaleza, ante un funcionamiento irregular de los poderes públicos y un texto manifiestamente anticonstitucional, cabría la posibilidad de que el Rey pudiera y debiera negar la sanción.

Finalmente se desarrollan unas consideraciones sobre la promulgación dentro del contexto de la Constitución española y se la compara con la misma atribución del Jefe del Estado en las repúblicas parlamentarias.

ÍNDICE

I. INTRODUCCIÓN

1. Objetivo de este escrito

El objetivo principal de este escrito es esclarecer, en la medida que nos sea posible, los artículos 62.*a*) y 91 de la Constitución, el primero de los cuales dice: «Corresponde al Rey: *a*) sancionar y promulgar las leyes». Y el segundo: «El Rey sancionará en el plazo de 15 días las leyes aprobadas por las Cortes Generales, y las promulgará y ordenará su inmediata publicación».

2. Algunas consideraciones interpretativas

Tenemos, pues, ante nosotros una tarea interpretativa, por lo que estimamos necesario hacer las siguientes consideraciones:

i) Ningún precepto puede interpretarse aisladamente, sino sólo en conexión con los demás y con la totalidad de la Constitución, ya que ésta no es una simple agregación, sino un sistema de normas y, como en todo sistema, el sentido y la significación de cada uno de sus componentes es resultado de su relación con los demás y, eventualmente, con la totalidad resultante de la interacción de todos ellos. Dicho de otra manera, en términos generales no hay derechos ni de significación unívoca, ni de validez absoluta, sino que tanto la una como la otra están condicionadas por las de otros derechos del mismo o superior rango, así como por los principios generales o fundamentales del conjunto normativo del que forman parte.

ii)   Es preciso también tener en cuenta las condiciones históricas en las que tiene lugar la interpretación, pues puede haber conceptos del Derecho constitucional (o de otras ramas jurídicas) que, aun permaneciendo designados con los mismos vocablos, cambien de significación y contenido con el curso de los tiempos y con su encuadramiento en otros sistemas políticos. No creo que merezca la pena desarrollar aquí una propia teoría de la historicidad de los conceptos jurídicos-políticos y de los vocablos que los expresan, sino que estimo más bien que mis posibles reflexiones sobre el tema pueden ser sustituidas con ventaja por unas citas de autoridades clásicas en materia de doctrina constitucional:

— En 1867 escribía Bagehot con referencia a la Constitución británica: *Every generation inherits a series of inapt words —of maxims once true, but of which the truth— is ceasing or has ceased* (*The English Constitution*, p. 1).

— En 1927 escribía Carl Schmitt: «Corresponde a los temas de una Teoría de la Constitución el demostrar que muy diversas fórmulas y conceptos tradicionales dependen por entero de situaciones anteriores, y que no son ya viejos odres para vino

nuevo, sino sólo etiquetas anticuadas y falsas...
Hoy, con una situación de hecho completamente
diferente, aquellas fórmulas pierden su contenido»
(*Verfassungslehre*, p. 23 de la traduc. española de
1983).

— En 1950, la *Supreme Court of the United
States* dice en una de sus sentencias: *Nothing is more
certain in modern society than the principle that
there are no absolutes, that a name, a phrase, a stand-
ard has meaning only when associated with the con-
siderations which gave birth to the nomenclature*
(*Dennis versus United States*, 341 U.S. 493, 508).

iii)   Hay una interpretación de las normas constitucionales, a la que podemos denominar abstracta, que aclara genéricamente el sentido de la norma
o del concepto sin referencia específica a un caso
concreto, pero de la que se espera sirva de criterio
general válido para subsumir en él la pluralidad de
casos que la vida jurídico-política pueda plantear
dentro de una situación o coyuntura normal. Sin
embargo, la vida es demasiado rica para excluir *a
priori* que existan casos o situaciones concretas no
subsumibles en los esquemas de interpretación abstracta, pues es posible que la peculiar configuración
de un caso concreto permita descubrir matices interpretativos de la norma inasequibles para el pensamiento abstracto, y de igual modo es no menos
posible que el caso concreto planteado transcurra
dentro de un marco constitucional y político que
difiera del previsto como normal por el orden cons-

titucional. Bajo tal supuesto podría llegarse a consecuencias interpretativas distintas de aquellas a las que ha conducido el pensamiento abstracto.

3.   Definición provisional de sanción, promulgación y publicación

El artículo 91 de la Constitución contiene tres conceptos que no siempre han sido fáciles de distinguir, pues a la sanción se le ha confundido, a veces —tanto por el Derecho político positivo como por la doctrina— con el veto suspensivo y con la promulgación, a la vez que esta última lo ha sido con la publicación. Por consiguiente, y sin perjuicio de estudiar *in extenso* los términos «sanción» y «promulgación» y de llegar a nuestras propias conclusiones sobre su significado concreto en el Derecho constitucional español del presente, parece conveniente dar a título provisional unas definiciones sobre lo que han significado.

3.1.   En su sentido originario se ha entendido por sanción el derecho de una autoridad (en general, pero no siempre, el Jefe del Estado) a dotar de imperatividad a unas normas aprobadas por el Parlamento y, por tanto, para convertir en ley lo que hasta entonces era un proyecto de ley, es decir, un conjunto de normas sin virtualidad de obligar jurídicamente. La autoridad sancionadora no podía cambiar el contenido del texto del proyecto, pero sí poseía la decisión de adoptarlo o rechazarlo en su totalidad y de forma definitiva, lo que diferencia a la sanción del simple veto. La sanción, por tanto, significaba una participación decisiva en el proceso legislativo, de acuerdo con el principio, desarrollado en las normas establecidas de las Constituciones «monárquico-constitucionales», de que el poder legislativo radicaba en las Cámaras y en el Rey, lo cual no parece ser el caso en las monarquías parlamentarias.

3.2.   La promulgación es un acto llevado a cabo por el Jefe del Estado, en su cualidad de suprema autoridad ejecutiva, por el que se testimonia que ha sido aprobada una ley y se ordena su cumplimiento por los funcionarios, jueces y ciudadanos. En los casos en que el Jefe del Estado carece del derecho de sanción —como actualmente en la República Italiana o la RFA—, la atribución de promulgar puede implicar o bien (Italia) la devolución del texto a las Cámaras con un mensaje razonado solicitando una nueva deliberación, o bien (RFA) el Presidente Federal tiene la competencia, es decir, el derecho y el deber, de constatar si el texto de la ley aprobada por las Cámaras lo ha sido con arreglo a los preceptos establecidos por la Ley Fundamental (Constitución) y devolverla en caso contrario.

3.3.   La publicación es el acto por el cual la ley sancionada y promulgada se pone en conocimiento de las autoridades y/o de los ciudadanos para su cumplimiento.

Los tres o, en algunos casos, dos de los actos mencionados, pueden ir y van generalmente articulados en un solo texto, como es el caso de la actual fórmula española, en la que se mencionan la sanción y la promulgación, pero no la publicación:

«Don Juan Carlos I, Rey de España. A todos los que la presente vieren y entendieren, sabed: Que las Cortes Generales han aprobado y Yo vengo en sancionar la siguiente ley [sigue el texto de la ley]. Por tanto, mando a todos los españoles particulares y a las autoridades que guarden y hagan guardar la presente ley».

II. LA SANCIÓN

1. Desarrollo histórico

Estimamos que para comprender debidamente el significado, la fundamentación y la situación actual de la atribución de sancionar las leyes, es conveniente referirnos a su desarrollo histórico tanto en el Derecho constitucional positivo como en la doctrina de los tratadistas.

A) *La sanción de las leyes en el Derecho constitucional positivo*

a) Como es frecuente en las grandes instituciones jurídico-constitucionales, la sanción real tiene su origen en Inglaterra. Doctrinalmente se funda en el principio de que el Parlamento si bien en el lenguaje común se considera que está compuesto de la Cámara de los Comunes y de la Cámara de los Lores, en cambio, desde el punto de vista jurídico formal, se considera que es la unidad compuesta por esas Cámaras y por el Rey que, según una fórmula medieval, es *Caput, principium et finis parliamenti*: convoca, inaugura, disuelve, prorroga y autoriza definitivamente sus actos. De acuerdo con ello, el Rey da o niega su asentimiento definitivo a los actos de las Cámaras. En el primer caso le hace por las palabras: *Le Rey le veult*, en el segundo por la fórmula: *Le Rey s'avisera* (como es sabido la lengua ritual del Estado en la Gran Bretaña es el francés de la época de la conquista normanda). Formalmente nunca se ha abolido el derecho del Rey a sancionar o no sancionar las leyes, si bien desde 1707 nunca ha negado su asentimiento.

b) La sanción real en Gran Bretaña, al menos formalmente hablando, ha mantenido su continuidad hasta nuestro tiempo, si bien, como acabamos de ver, puede considerarse que ha caído en desuso. Otra cosa sucedió en los países continentales que conocieron el absolutismo, pues aquí no había lugar a plantearse el tema, ya que el Rey concentraba la soberanía, que consistía precisamente —según una definición de Bodino convertida en dogma— en «el poder de dar y de abrogar la ley». Es decir, era el mismo Rey quien (siguiendo o no el parecer de su Consejo) establecía simultáneamente el texto de la ley y su imperatividad. El problema se plantea con ocasión de la Revolución francesa y concretamente con la afirmación de la idea de la soberanía nacional expresada institucionalmente en una Cámara representativa y legislativa a la que es preciso armonizar con la representatividad y soberanía regias.

En este sentido, la Constitución francesa de 1791 después de establecer (Tít. I, art. 2): «La Constitución francesa es representativa: los representantes son el Cuerpo Legislativo y el Rey», añade a continuación (Tít. III, art. 3): «El poder legislativo se delega en una Asamblea Nacional... para ser ejercido por ella con la sanción del Rey, de la manera que se determina a continuación»; y si bien lo que se establece a tenor de los artículos siguientes es, en realidad, un veto suspensivo, ello no obsta para que sea dicha Constitución la que plantea los términos del problema. Las restantes Constituciones revolucionarias, así como las bonapartistas, no hacen referencia a la sanción por la Jefatura del Estado, sino que se entiende dada por las Cámaras o por alguna de las Cámaras, aunque sí a la promulgación y publicación por el Directorio o por el Primer Cónsul.

En realidad son las Cartas Constitucionales de 1814 (Luis XVIII) y 1830 (Luis Felipe) las que crean los principios sobre la materia, destinados a ser acogidos por los regímenes monárquicos constitucionales de los distintos países: la participación del Rey en la potestad legislativa y la función del Rey en el ejercicio de dicha potestad. En estos sentidos, la

Carta de 1814 establece en su artículo 15: «La potestad (*puissance*) legislativa se ejerce colectivamente por el Rey, la Cámara de los Pares y la Cámara de los Diputados de los departamentos», y en su artículo 22: «Sólo el Rey sanciona y promulga las leyes». Estos preceptos pasan literalmente a la Carta de 1830 y con las variaciones del caso a las Constituciones de 1852 (Presidencia de Luis Napoleón) y de 1870 (Segundo Imperio), para desaparecer a partir de las leyes constitucionales de 1875.

c) Los preceptos antes mencionados son prácticamente reproducidos en los artículos 26 y 67 de la Constitución belga de 1831, todavía vigente, así como en los artículos 3 y 7 del Estatuto Albertino de 1848, transformado a partir de 1870 y hasta el final de la Segunda Guerra Mundial en la Constitución del Reino de Italia. La Constitución portuguesa de 1829, vigente con reformas hasta 1911, establecía en su artículo 13: «El poder legislativo pertenece a las Cortes bajo la reserva de la sanción del Rey», siendo de señalar a título anecdótico que, según el artículo 57, si el Rey niega la sanción la comisión de la Cámara debe responder «que agradece a S.M. el Rey el interés que se toma por la Nación», lo cual, si no fuera por la solemnidad de la ceremonia, podría considerarse como un acto de humor o como el reconocimiento del mérito de decir «no», pues en este mundo es más fácil decir sí que decir no. También las Constituciones de los reinos alemanes (Prusia, Baviera, etc.) incluyen preceptos análogos a los de los países mencionados. Es de señalar, sin embargo, que en el Imperio, y en razón a su peculiar estructura federal, el poder legislativo es investido sólo por las Cámaras: *Bundesrat* y *Reichstag*, siendo el primero el que sancionaba las leyes, de tal manera que al Emperador sólo le quedaba la promulgación y publicación (arts. 5, 7 y 17 de la Constitución de 1871). También las Constituciones de las monarquías nórdicas entienden que el poder legislativo es ejercido por las Cámaras y el Rey, y que este último posee el derecho de sanción.

d) En cuanto a España, la Constitución de 1812 dice en su preámbulo que «la parte que se le ha dado al Rey en la actividad legislativa concediéndole la sanción» tiene por objeto «corregir y depurar los ímpetus que pueden tener lugar en la asamblea legislativa»; en una palabra, «la potestad de hacer las leyes corresponde esencialmente a las Cortes y el acto de sanción debe considerarse sólo como un correctivo que exige la autoridad particular de circunstancias accidentales». Como se ve, el Rey no forma parte del poder legislativo, sino que parece que es en su calidad de Jefe del Ejecutivo por lo que sanciona las leyes, lo que se desarrolla en los artículos 131 y 142 y siguientes. En el Estatuto Real se establece que «para la formación de las leyes se requiere la aprobación de uno y otro estamento y la sanción del Rey» (art. 33). Y a partir de la Constitución de 1837 se repite (1845, 1856, 1876) la fórmula estereotipada, sin duda tomada de Francia, en la que un precepto establece: «La potestad de hacer las leyes reside en las Cortes con el Rey», y otro: «El

Rey sanciona y promulga las leyes». Una excepción
relativa es la de la Constitución democrática de
1869, cuyo artículo 34 establece: «la potestad de hacer las leyes reside en las Cortes», pero añadiendo:
«El Rey promulga las leyes», es decir, parece situar
la sanción no en la sede de la potestad legislativa,
sino de la ejecutiva. La Constitución republicana de
1931 sí considera, en cambio, a la sanción como un
acto legislativo al que localiza en el propio Congreso, al establecer en su artículo 51: «La potestad legislativa reside en el pueblo que la ejerce por medio
de las Cortes o Congreso de los Diputados», y en su
artículo 83: «El Presidente promulgará las leyes san-
cionadas por el Congreso», y se le atribuye el derecho de veto suspensivo.

e) El uso que se ha hecho del derecho de sanción por parte de los monarcas ha sido muy mode-
rado cuando no nulo. A fin de no hacer excesivamente pesado este escrito, nos limitaremos a los
países en los que todavía existe jurídicamente la
sanción real. Como antes hemos dicho, en Inglaterra el Rey no ha negado la sanción a una ley desde
tiempos de la Reina Ana (1707). En Suecia el derecho de sanción —por lo demás eliminado de la
Constitución desde 1975— fue ejercido por última
vez en 1912 (FUSILIER: *Les Pays Nordiques*, 1965,
p. 288) y en Noruega desde 1905 en que se separa
de Suecia. En Bélgica, donde todavía continúa vigente la Constitución de 1831, el Rey prácticamente nunca ha denegado la sanción. Los casos que se
citan en el curso del siglo pasado lo fueron porque

un cambio sobrevenido en la situación de las cosas hubiera hecho inútil la sanción del Rey y las Cámaras se habrían visto obligadas a modificar la ley que ellas mismas habían aprobado (WIGNY: *Droit Constitutionnel*, 1952, II, 617). «En realidad el Rey jamás ha rehusado sancionar contra su grado o el del Gobierno un proyecto de ley adoptado por las Cámaras y fue en vano que, por ejemplo, en 1937 los antiguos combatientes apoyados, por una gran parte de la opinión pública, solicitaran de Leopoldo III no firmar una ley de amnistía aprobada por las dos Cámaras» (FUSILIER: *Les Monarchies parlementaires*, 1960, p. 461).

En España, durante la época de Isabel II, la Reina, víctima, al parecer, de la instrumentalización por las camarillas palaciegas, pretendió en algunos casos oponerse a la sanción de las leyes, siendo el más famoso su intento de no sancionar la ley de desamortización de 1855 (que implicaba la venta de los bienes del clero); la actitud de la Reina provocó la amenaza de dimisión del Gobierno y la formación de un movimiento entre los diputados a fin de que las Cortes declararan el trono vacante: al final, la Reina sancionó la ley y el Gobierno procedió al destierro de Sor Patrocinio y a la destitución de ciertos miembros de la servidumbre del Rey consorte (vid. *Hist. de España*, Espasa-Calpe, t. XXXIV, pp. 230 y 284 ss.). Ni Don Alfonso XII, ni Don Alfonso XIII, denegaron nunca la sanción de una ley (aunque sí de algún decreto de nombramiento, por ejemplo, en 1904 Don Alfonso XIII se negó a firmar el nombramiento del General Loño para la jefatura del Estado Mayor Central, pues prefería a Polavieja, lo que provocó la crisis del Gobierno de Maura, quien llamado de nuevo al poder en 1907 nombró Ministro de la Guerra al General Loño).

B) *La sanción de las leyes en la doctrina de los tratadistas*

Nos corresponde ahora desarrollar una exposición lo más somera posible sobre la doctrina clásica de los tratadistas. Los fundamentos de esta doctrina son esencialmente los siguientes: la división de poderes; el papel predominante del Rey sobre las demás instituciones como sujeto originario de la soberanía o del *imperium*; la concepción del proceso legislativo como cooperación entre las Cámaras y el Rey y, ocasionalmente, el carácter de éste como representante permanente y genuino de la Nación.

a) Aplicando al caso la clásica división de poderes de Montesquieu en la que cada poder tiene la facultad de *statuer* en el ámbito que le es propio, así corno la facultad *d'empêcher*, es decir, de hacer nula una resolución tomada por otro, consideran la sanción real como la facultad que tiene el poder ejecutivo (investido en el Rey) para impedir los excesos del poder legislativo que pudieran conducir al despotismo.

Esta doctrina se muestra más perfilada cuando Benjamin Constant añade a los poderes clásicos un cuarto poder, al que designa como *neutre*, investido por el Rey y que está destinado a mantener a los restantes poderes dentro de la órbita que les es propia, de tal manera que no se entrecrucen y traben recíprocamente, así como a impedir un uso arbitrario e inconstitucional de los poderes legislativos investidos en las Cámaras. Un paso más en esta tendencia es la consideración del carácter representativo del monarca, no ciertamente porque haya sido elegido por los ciudadanos, sino precisamente por todo lo contrario, porque no debiendo su dignidad a ningún partido o movimiento está por encima de todos ellos y personifica al conjunto de la Nación, sin que ello signifique desconocer que las Cámaras son representaciones de la soberanía nacional en lo relativo a la formación de las leyes.

Partiendo de estos supuestos, el Sr. Reus Bahamonde escribe en el siglo pasado que «la sanción no tiene por objeto aumentar el prestigio de la ley, sino imprimir carácter de unidad a aquello que ha de obligar a todos; mediante ella el Jefe del Estado como representante de la unidad suprema hace suya la ley para que, descendiendo con semejante apropiación de lo alto obligue por igual a todos aquellos (órganos) cuya categoría no es inferior a la del poder legislativo, que, por tanto, hasta el momento que la sanción llega se encuentran libres de cumplir y hasta de desconocer la decisión de la Cámara» (cit. por SANTAMARÍA DE PAREDES, *Curso de Derecho Po-*

lítico, 1893, p. 352). Es decir, lo que convierte a un texto legislativo en ley no es el acuerdo de las Cámaras, sino la voluntad del Rey. Por su parte, Santamaría de Paredes considera a la sanción como una participación en la potestad legislativa y la define como «el acto en el que el Jefe del Estado autoriza la publicación de la ley para que adquiera fuerza *obligatoris*» (*op. et. loc.* cits.). La sanción real, continúa, no sólo garantiza al ciudadano la constitucionalidad de la ley, sino que garantiza también la independencia de los poderes públicos, pues, de otro modo el ejecutivo y el judicial quedarían obligados por la declaración de otro poder igual en autoridad al suyo. La sanción es, por tanto, una garantía para la armonía de los poderes públicos. Pero además es un freno para evitar que el Parlamento se aparte de la opinión pública o que establezca una ley sin preocuparse de las dificultades de su aplicación práctica o se separe del espíritu de la Constitución. La negativa de sanción, según Santamaría de Paredes, suspende la publicación de la ley «hasta tanto el país manifieste en unas nuevas elecciones su conformidad o desacuerdo con la decisión parlamentaria» (p. 353).

b) Laband, el gran jurista del Imperio alemán, desarrolla (*Das Staatsrecht des Deutschen Reiches*, 1911, t. II, pp. 1 ss.) una teoría de la sanción fundamentada sobre los siguientes supuestos: toda ley incluye dos partes integrantes de distintos efectos y significación, el texto o contenido normativo y su imperatividad. El primero es establecido por las Cámaras e incluso podría serlo por una comisión de juristas, por un Consejo aúlico, etc.; el segundo y verdadero componente de la ley, es decir, su imperatividad, sólo puede darlo quien la sanciona, es decir, quien dispone de *imperium* para hacerla obligatoria. La sanción, por tanto, no sólo es parte del proceso legislativo, sino todavía más: «sólo la sanción es legislación en el sentido jurídico-político de la palabra» (p. 6), sólo ella convierte en imperativa y, por tanto; sólo ella otorga carácter legal a una norma, sólo ella transforma a la norma en un acto de la voluntad del Estado. Es necesario advertir que, según Laband, el acto de sancionar no siempre radica en el Rey, sino que puede radicar en otro órgano como, por ejemplo, en el caso del Imperio alemán, en el *Bundesrat*, pues se trata de una Confederación compuesta de reinos y ciudades libres en la que la soberanía radica en la Cámara representativa de tales componentes. Pero en las monarquías constitucionales y, por tanto, en los reinos alemanes de su época, la sanción pertenece al Rey, quien no puede alterar el contenido del texto aprobado por las Cámaras, pero sí es el único que puede sancionarlo, es decir, autorizar su validez como ley dotándolo de fuerza vinculatoria. Sólo la sanción transforma el deseo de las Cámaras, expresado en el texto aprobado por ellas, en voluntad estatal. El Parlamento, en una monarquía constitucional, no puede hacer nunca directamente una declaración de voluntad frente a los súbditos, sino que el destinatario de sus decisiones es el monarca. Un texto normativo sin la sanción del Rey no es una ley.

A diferencia de Laband, Jellinek (*Gesetz und Verdordnung*, 1887, pp. 314 ss.) estima que el acuerdo de las Cámaras no es un mero texto intelectual normativo sin significación jurídica, sino algo que condiciona positiva o negativamente la acción del monarca, en el sentido de que decide a través de la sanción o de la negativa de la misma legitimar o no legitimar el texto. Al igual que en otros negocios jurídicos —por ejemplo, cuando el tutor autoriza el matrimonio del pupilo—, el acuerdo de las Cámaras sólo es válido por el asentimiento del Rey: él no ha hecho el texto de la ley —como no es el tutor quien contrae matrimonio— pero accede o no accede a la voluntad expresada por las Cámaras, y ello es una decisión que pertenece exclusivamente a su voluntad. La acción de las Cámaras es condición para que el Rey ejerza su derecho de sanción, no solamente por haber establecido el texto, sino también porque esperan que sea sancionado por el Rey, porque esperan que su voluntad coincida con la de éste. Pero a pesar de la identidad de contenido es sólo la sanción del monarca lo que convierte el texto en ley o, dicho de otro modo: «el acto de voluntad legislativa es exclusivamente un acto del monarca, al cual dio previamente su consentimiento el Parlamento». Con ello se termina el proceso de gestación de la Ley.

c) Un autor injustamente olvidado en nuestro tiempo, Pellegrino Rossi, que impartió en los cursos de 1835-1836 y de 1836-1837 unas lecciones de Derecho Constitucional en la Facultad de Derecho de la Universidad de París (vid. P. Rossi: *Oeuvres Complètes, Cours de Droit Constitutionnel*, 1877, t. IV, pp. 233 ss.), considera que el poder real no es extraño a ninguno de los grandes poderes del Estado, aunque no actúe efectivamente como ninguno de ellos o, como diríamos ahora, aunque no operacionalice a ninguno de ellos. En lo que se refiere concretamente al proceso legislativo, las atribuciones del Rey en la materia son dos: la iniciativa de las leyes y su sanción. Dejando de lado el primero de los aspectos para limitarnos a la sanción, la ley, según Rossi, es el acto de las tres voluntades que constituyen el poder legislativo: ambas Cámaras y el Rey, de modo que sólo hay ley cuando estas voluntades están de acuerdo o, dicho de otro modo, «la ley no es perfecta más que por la sanción real» (p. 233), la ley sólo existe una vez sancionada y la sanción es un medio preventivo frente a proyectos de ley extravagantes (es decir, en términos jurídicos, lo que se mueve fuera de lo normal y de lo constitucional).

Mucho más tarde, Carré de Malberg (*Contribution à la Théorie générale de l'État*, 1920-1922, citamos por la edición española: México, 1948), después de una crítica de las doctrinas alemanas de su tiempo (ante todo de Laband y Jellinek), dice que la sanción se basa en la cooperación del Parlamento y el Rey en el proceso legislativo. Piensa también que en las monarquías, incluso en las monarquías limitadas, el Rey es el órgano estatal supremo en cuanto que participa como la más alta autoridad en todas las funciones del Estado y así también en materia legislativa emitiendo la decisión definitiva y suprema de la que se origina la ley. Es decir, la sanción es el poder de perfeccionar la ley después de haber sido adoptada por las Cámaras. No es que en ella haya un elemento de potestad especial —como es la tesis de Laband y de Jellinek— que no está contenido en la adopción por las Cámaras, pues ésta y la sanción son actos de la misma naturaleza, lo que sí hay es una distinción de rango y, en este sentido, el Rey como autoridad superior del Estado es también la suprema y definitiva autoridad legislativa: «la idea precisa que hay que formarse de la sanción es, pues, que por ella el Jefe del Estado ha de instituir en último término, ejerciendo con el nombre de sanción, un poder que consiste en *perfeccionar* la ley después de haber sido ésta adoptada por las Cámaras».

En nuestro país don Nicolás Pérez Serrano (*Tratado de Derecho Político*, escrito entre 1936-1939, pero publicado por primera vez en 1976) entiende (pp. 798 ss.) que la sanción es en las monarquías constitucionales lo que otorga plena virtualidad jurídica a las leyes votadas por las Cámaras, proporcionando perfección jurídica y obligatoriedad a lo que hasta entonces es un simple proyecto de ley. El fundamento jurídico de la facultad regia de la sanción radica en que en el constitucionalismo monárquico, la potestad legislativa está en las Cámaras y el Rey. Pero llama la atención sobre el hecho de que la sanción ha caído en desuso transformándose en «una simple ceremonia encargada de revestir mayor solemnidad a la ley, por lo menos cuando se la otorga con un mínimo de rito y que mantiene el relieve de la institución mayestática». Sin embargo, afirma la posibilidad de negar la sanción «atendiendo a razones supremas de interés nacional y arrostrando la impopularidad de una negativa».

d)   Para terminar con esta exposición histórico-doctrinal, hagamos, todavía un par de referencias. J. Barthélemy y P. Duez (*Traité Élémentaire de Droit Constitutionnel*, París, 1926, pp. 569 ss.), al plantearse el problema de qué necesita un acto aprobado por el Parlamento para convertirse en ley, distingue dos extremos de una escala a los que designa como solución monárquica y solución democrática. En la primera, el monarca está investido de un poder igual al de las Cámaras: es el sistema de la sanción. En la segunda, la elaboración de la ley se termina con la votación del Parlamento. Entre ambos extremos se encuentra (en las mismas Repúblicas) la solución de la promulgación de la ley por el Jefe del Estado y el veto suspensivo. Por su parte, Esmein (*Éléments de Droit Constitutionnel*) entiende que la sanción es una prerrogativa exorbitante del poder ejecutivo incompatible con la división de poderes, de modo que lo único admisible es la promulgación y la publicación.

A partir de estos testimonios es muy difícil, si no imposible, encontrar en la literatura jurídico-constitucional el planteamiento y estudio de la extensión y significación de la sanción regia. Los tratados de Derecho constitucional de los países monárquicos

a los que he podido tener acceso se limitan a decir
que la sanción ha perdido efectividad.

2. El problema en el Derecho
   constitucional español del presente

A) *Consideraciones previas*

i) Es curioso que los artículos 62 y 91 pasaran
sin discusión en el pleno de las sesiones constituyentes, sin duda porque habían sido consensuados
de antemano, lo que nos impide conocer cuáles eran
el sentido y los efectos que se les quiso dar y, por
tanto, cuál era la voluntad racionalizada del poder
constituyente en este respecto, si es que tuvo alguna.
Con todo, ello no es demasiado importante, pues
en los actuales métodos interpretativos se otorga
mucha mayor relevancia a la voluntad y racionalidad objetivadas en el texto de la ley que a la voluntad y racionalidad subjetivas del legislador.

ii) Anteriormente, hemos visto cómo en todos
los países la negativa de sancionar las leyes por parte del Rey fue cayendo en desuso y sigue en desuso
en aquellos donde actualmente existe el sistema monárquico. Por otra parte, para las concepciones jurídico-políticas de nuestro tiempo no parecen acep-
tables los fundamentos dados por los tratadistas a
los que antes hemos hecho mención. Las brillantes
tesis de Laband y Jellinek, que tenían como trasfon-
do la concepción del régimen constitucional como

un dualismo de Rey y Parlamento, en el que el Rey, dotado de *imperium*, era el único que podía dar obligatoriedad a los proyectos o propuestas de las Cámaras, están en patente contradicción con los fundamentos de la estructura democrática y parlamentaria de los Estados de nuestro tiempo. La división de poderes tal como se formulaba en Montesquieu ha dejado de tener vigencia para ser sustituida por formulaciones mucho más complejas. Tampoco parece que tenga sentido en nuestro tiempo la formulación de Constant y, concretamente, la posibilidad de la negativa de la sanción en razón de la dudosa constitucionalidad de la ley pierde mucho de su sentido cuando existe una jurisdicción constitucional. Y, en fin, la concepción del poder legislativo como un poder ejercido colectivamente por las Cámaras y el Rey no parece estar conforme con los supuestos de los sistemas constitucionales de nuestro tiempo.

B) *La doctrina de los tratadistas españoles*

En lo que respecta a los tratadistas españoles que se han ocupado del tema en el marco de nuestra Constitución parece haber unanimidad en lo que respecta a la imposibilidad de ejercer de modo negativo la atribución de sancionar las leyes.

Así, M. Aragón llega a la conclusión de que «el Rey está obligado siempre a conceder la sanción, sin que deba en modo alguno denegarla»; llama la atención sobre el carácter imperativo con que está redactado el artículo 91 de la Constitución («El Rey sancionará...») y cree que la inclusión del vocablo «sanción» en el texto constitucional se debe a la tendencia a mantener ciertos símbolos del principio monárquico, a la inercia de determinadas fórmulas de nuestro derecho histórico y a la translación a nuestra ley fundamental de contenidos de los textos constitucionales de las monarquías parlamentarias europeas (M. ARAGÓN: «La Monarquía parlamentaria», en *La Constitución española de 1978*, Madrid, 1980, pp. 444 ss.).

E. García de Enterría llega a similares consecuencias. El vocablo «sanción» en nuestra Constitución no tiene nada que ver con el contenido que se le atribuye tradicionalmente. El Rey, dice, no encarna un principio distinto del de la soberanía popular, que es único y exclusivo, y afirma que partiendo de las normas que establecen que todas las decisiones regias —salvo las específicamente exceptuadas en la Constitución— han de ser refrendadas, llega a la conclusión de que la sanción y la promulgación «son simples vestiduras formales de la decisión de la autoridad que refrenda». Acentúa la imperatividad del artículo 91 para deducir que el Rey no podrá negar la sanción y que su mantenimiento en el texto constitucional no es más que un tributo historicista y puramente simbólico (E. GARCÍA DE ENTERRÍA: *Curso de Derecho Administrativo*, Madrid, 1980, pp. 124 ss.).

J. A. Santamaría mantiene una actitud más crítica y problemática que los anteriores autores. Sigue la tesis de García de Enterría para concluir que, en definitiva, la sanción real prevista en el artículo 91 no es tal sanción, es un puro trámite formulario simbólicamente exigido, pero también vacío, un mero trámite procedimental que no añade ningún plus de validez a la fuerza vinculatoria de la ley. Sin embargo, entiende que el artículo 91 es un precepto desafortunado cuya única fuerza inspiradora parece haber sido «conectar a toda costa con el pasado, sin preocuparse excesivamente del futuro», por lo cual es una norma equívoca «con efectos potencialmente perturbadores». Pues se da el caso de que es una convención, aprobada por todos (los que elaboraron la Constitución), de un lado, que el Rey carece totalmente de poderes jurídicos, pero, de otro, que el Rey ha sido y sigue siendo el soporte mismo y único de la convivencia democrática, confiriéndole unos poderes no formalizados que de prolongarse en exceso podrán distorsionar el mismo ordenamiento constitucional del que hoy son garantes. Bajo estos supuestos, «los preceptos equívocos pueden ser fuente de innumerables problemas y hasta volver del revés el sistema de convenciones que presidió la elaboración de la Constitución». Si tal sistema se altera, y puede alterarse con la reinstauración de un nuevo principio monárquico forjado a golpes de legitimidad democrática, el artículo 91 puede dar pie a la exhumación de la tesis de Laband (J. A. SANTAMARÍA: «Comentario al art. 91», en GARRIDO FALLA y otros: *Comentario a la Constitución*, Madrid, 1980).

C) *Nuestra posición ante el problema*

Vistos los antecedentes históricos del problema tanto en el Derecho positivo como en la doctrina, así como la posición de los tratadistas españoles, nos queda por expresar nuestra propia opinión. Para ello: i) comenzaremos por examinar la consistencia de posibles argumentos a favor del ejercicio efectivo de la sanción, seguiremos ii) con el desarrollo de nuestro propio criterio que llega a los mismos resultados —aunque no siempre por las mismas vías— que los tratadistas españoles mencionados, pero iii) con la salvedad de admitir la posibilidad de la negativa de sanción en circunstancias verdaderamente excepcionales y para leyes o actos con fuerza de ley manifiestamente anticonstitucionales.

a) Posibles argumentos a favor del ejercicio efectivo de la sanción

Cuando se está en desacuerdo con una tesis resulta difícil encontrar argumentos a favor de ella. No obstante, comoquiera que el pensamiento crítico se desarrolla mediante una contraposición de tesis y antítesis, no parece imposible imaginar posibles intentos interpretativos de los artículos 62 y 91 de la Constitución española favorables a la libertad de decisión del Rey para conceder o para negar la sanción. Adelantamos que, a nuestro juicio, tal interpretación de la sanción sólo serviría para en-

tablar un forcejeo jurídico que, al menos en circunstancias constitucionales normales, sería de dudoso
éxito y en el que probablemente la *ratio iuris* sería
interpretada como una cobertura no ya de la *ratio
status*, sino de la *ratio factionis*, es decir, el razonamiento jurídico tendría un carácter instrumental
no tanto a favor de la razón de Estado cuanto a favor
de la razón de partido, lo que quiere decir que el
fondo de la cuestión no se plantearía en términos
jurídicos, sino políticos, entrando con ello en un
mundo de incertidumbres y particularismos. En
todo caso, tal posible interpretación podría desarrollar varios argumentos entre los que contamos
los siguientes:

i)   Siendo de presumir que las Cortes constituyentes supieran que la libertad de decisión del Rey
para sancionar o no sancionar una ley había caído
en desuso, el hecho de que la acogieran en una nueva Constitución es indicio de que querían darle
efectividad, pues, de otro modo, no tendría sentido
acoger una facultad vacía de contenido o hubieran
atribuido la sanción a las mismas Cortes, como hizo
la Constitución republicana de 1931. Pero si bien
tal interpretación podría quizá ser una crítica a la
prudencia o lucidez de los constituyentes, de ello no
se puede inferir que el concepto de sanción no haya
cambiado de significado o de función y, por otra
parte, lo que pensaran explícita o implícitamente
los constituyentes tiene, como antes hemos visto,
escasa importancia para los criterios interpretativos,

a lo que se añade que tal argumento tendría que ser coherente con otros preceptos y decisiones fundamentales de la Constitución.

ii)   El artículo 62 establece que «corresponde al Rey: *a*) sancionar y promulgar las leyes», pudiendo intentarse interpretar el vocablo sancionar en el sentido de una competencia que el Rey es libre de ejercer positiva o negativamente. Se trataría de una interpretación: no sólo literal de un vocablo constitucional, sino entendiendo la literalidad como algo inmutable más allá de los cambios de significación de los vocablos en el curso del tiempo y en función del marco jurídico constitucional en que están insertos.

iii)   El artículo 91 que dice: «El Rey sancionará en el plazo de quince días las leyes aprobadas por las Cortes Generales...», podría ser interpretado —al revés que lo han hecho los tratadistas españoles— no como expresión de un imperativo que obliga a sancionar positivamente la ley, sino como fijación del plazo en el que el Rey ejercerá su facultad de sanción sea en sentido positivo, sea en sentido negativo. Este argumento, que supone la validez del anterior, nos conduciría a una discusión semántica del vocablo «sancionará» en la que la negación de su intención imperativa quizá fuera difícilmente sostenible.

iv)   Por otra parte, el artículo 66 de la Constitución dice: «las Cortes ejercen la potestad legislativa», pero no dice, como las constituciones monárquicas clásicas, que dicha potestad es ejercida por las Cámaras y el Rey, a lo que puede añadirse que el artículo 91 habla de «leyes aprobadas por las Cortes». Podría intentarse argüir que, a pesar de ello, lo aprobado por las Cámaras no tiene fuerza obligatoria, no es ley, sin los requisitos de sanción, promulgación y publicación, e incluso referirse a ciertos textos legales de rango orgánico en los que se designa a lo aprobado por las Cámaras como «proyecto de ley» (art. 79.2 de la Ley Orgánica del Tribunal Constitucional). Pero que lo aprobado por las Cortes no tenga carácter obligatorio hasta cumplirse los actos que establece el artículo 91, no dice nada sobre la naturaleza libre o vinculatoria de tales actos, ni sobre si ello implica un poder de decisión del Rey o el debido ejercicio de una función.

b) La sanción y el régimen parlamentario español

Conviene comenzar por advertir que no todos los preceptos contenidos en una Constitución tienen el mismo valor y la misma significación. Hay unos que expresan decisiones fundamentales sobre los valores, las instituciones y los objetivos por y para los cuales ha decidido vivir políticamente un pueblo, es decir, que son componentes esenciales de su modalidad de existencia política. Estos preceptos, en general concisos, han sido designados como normas fundamentales del Estado o como preceptos acuñadores o generadores; en el sentido de que fundamentan, engendran o acuñan otros preceptos o el significado de otros preceptos. Por ejemplo, no tiene el mismo valor y significación el precepto que determina que los períodos ordinarios de las Cortes se celebrarán de septiembre a diciembre y de febrero a junio (art. 73) que el precepto que establece que «la Constitución se fundamenta en la indisoluble unidad de la Nación española... y reconoce y garantiza el derecho a la autonomía de las nacionalidades y regiones que la integran» (art. 2). El primero de los mencionados puede ser alterado sin que ello signifique una reforma substancial de la Constitución y no ha engendrado ningún otro precepto constitucional, sino, en todo caso, preceptos del reglamento de las Cortés; el segundo, en cambio, no podría ser modificado sin que se alterase substancialmente la Constitución, a la vez que ha engendrado todo el Capítulo III del Título VIII de la Constitución.

Entre los preceptos cuyo contenido son decisiones fundamentales y generadores de otros preceptos o del sentido de otros preceptos, se encuentra el artículo 1.3: «La forma política del Estado español es la monarquía parlamentaria», con lo que se incorpora por primera vez a un texto constitucional positivo algo que pertenecía al mundo de los conceptos y las convenciones constitucionales y cuya concreción, dentro de ciertas líneas comunes al régimen parlamentario, ha de llevarse a cabo mediante el análisis del Derecho constitucional de cada país. En todo caso, entendemos que el precepto 1.3 es una decisión política fundamental, un precepto jurídico-político que genera y da sentido a otros, entre ellos al alcance efectivo de la sanción. No es nuestra misión desarrollar aquí una teoría de la monarquía parlamentaria en el sistema jurídico-político español, sino algunos de sus componentes en la medida necesaria para nuestro objetivo.

i)   Las Cortes representan al pueblo español en quien reside la soberanía nacional, ejercen la potestad legislativa del Estado, una de sus Cámaras, el Congreso, inviste con su confianza al candidato a Presidente del Gobierno propuesto por el Rey, y controlan la acción del Gobierno que es responsable ante ellas.

ii)   Sin embargo, la potestad legislativa de las Cortes no es ilimitada, ya que ha de moverse dentro de los límites establecidos por la Constitución de los que sólo puede entender el Tribunal Constitucional, no por propia iniciativa, pero sí a solicitud de las partes legitimadas para ello. Como es sabido, el recurso de inconstitucionalidad puede ser *a posteriori*, es decir, una vez que la ley haya sido sancionada y publicada o puede serlo *a priori*, para el caso de las leyes orgánicas, antes de que el Rey haya otorgado su sanción. La función que se le reconocía a la sanción en la doctrina tradicional como una defensa frente a la posible inconstitucionalidad de la ley ha pasado en nuestro sistema —muy especialmente en el recurso previo de inconstitucionalidad— al Tribunal Constitucional. Otra de las razones en que se apoyaba el ejercicio efectivo de la sanción regia era la oportunidad política de la ley. Pero entendemos que en un régimen parlamentario sólo la mayoría parlamentaria requerida puede decidir sobre la oportunidad política de una ley, esta mayoría está sujeta a la crítica por el resto del Parlamento —y, si la sesión es televisada, ante la generalidad de la población— y en todo caso la mencionada mayoría será responsable ante el cuerpo lectoral quien en las próximas elecciones podrá negarle o disminuirle su confianza.

iii) El régimen parlamentario se caracteriza por una correlación entre la composición del Gobierno y la de la mayoría del Parlamento. En nuestro caso el candidato a Presidente del Gobierno es propuesto por el Rey e investido por el Congreso de los Diputados, y de su gestión responde políticamente ante el Congreso. De todo ello se desprende una conclusión importante: que el Presidente del Gobierno es el vínculo normal entre el Rey y las Cortes y, por consiguiente, entre la aprobación de las leyes por éstas y su sanción por el Rey. Ello nos lleva a unas conclusiones a las que nos referimos en el punto v), pero antes es conveniente decir unas breves palabras sobre las consecuencias político-jurídicas de la negativa a sancionar una ley por parte de Su Majestad.

iv) La negativa por parte del Rey a sancionar una ley podría lesionar gravemente su posición como una instancia neutral y permanente en medio de la mutabilidad de las mayorías parlamentarias y de las polémicas de los partidos políticos, dañaría, quizá, su carácter de símbolo representativo de la

unidad y permanencia del Estado, y no está excluido que se le asociara a una fracción parlamentaria
o a una tendencia de opinión contra otra o, dicho
de otro modo, a una parte de la totalidad nacional
frente a otra parte. Cuando —como es el caso del
régimen parlamentario— el sistema político se sustenta sobre una lucha (sujeta a reglas, pero lucha al
fin) entre los partidos, la función que la Constitución asigna al Rey y que es inherente a la institución
monárquica, parece que sólo puede ejercerse bajo
la condición de permanecer al margen de las con-
tiendas de partidos y de grupos, en las que entraría
si, en el supuesto del normal funcionamiento de las
instituciones constitucionales, negará su sanción a
un proyecto de ley aprobado por el Parlamento y
sometido a su firma por el Presidente del Gobierno.
Y, en fin, una negativa de sanción por parte del Rey
entrañaría el riesgo de su enfrentamiento con las
Cortes, de la dimisión de un Gobierno que cuenta
con la confianza del Parlamento y, en resumen, llevaría a un conflicto constitucional de difícil solución.

v)   El Rey es inviolable y sus actos no están su-
jetos a responsabilidad. Contrapunto de esta irresponsabilidad es que sus actos sean refrendados por
el Presidente del Gobierno o, en su caso, por los
ministros competentes (arts. 53.3 y 64). No es cuestión de entrar aquí en el problema de todos los actos, si no políticos, sí de significación política que
puedan ser realizados por el Rey —conversaciones
con Jefes de Estado extranjeros, con Presidentes de

los órganos constitucionales, discursos con ocasión de solemnidades y otros actos u omisiones, palabras o silencios— tienen que estar formalmente refrendados por el Presidente del Gobierno, lo que sería imposible en la mayoría de los casos y en los que el refrendo puede muy bien ser sustituido, sea por la presencia del Jefe del Gobierno o del ministro competente, sea por un conocimiento previo por parte de éstos de lo que el Rey va a decir o va a omitir. Pero, de cualquier modo, puede afirmarse que todos los actos del Rey de naturaleza o efectos jurídicos, salvo los exceptuados específicamente por la Constitución, necesitan el refrendo del Presidente o de un Ministro.

vi) Ello nos lleva a desarrollar unas consideraciones sobre el cambio del significado histórico del refrendo, pues también a él le es aplicable la mutación de sentido de los conceptos y vocablos jurídico-políticos. Desde un punto de vista general se ha entendido por refrendo la firma de un ministro en un documento frente a la firma del Jefe del Estado. En sus comienzos significaba que el Rey o Jefe del Estado estaba dotado de decisión política propia, mientras que la firma del ministro tenía un carácter accesorio más o menos importante, pero en todo caso secundario frente a la expresión de voluntad del Jefe del Estado. Más tarde, con el desarrollo del régimen constitucional y como contrapunto a la irresponsabilidad jurídica y política del Rey, el refrendo significa la asunción de la responsabilidad por parte del ministro, lo que legitima su carácter de requisito necesario para la validez jurídica de un acto del Rey y el fundamento de la responsabilidad ministerial. Partiendo de ello, la sanción ha sufrido un cambio y hasta incluso una inversión de significación: no es un acto de decisión del Rey sobre el contenido de la ley, cuya única responsabilidad corresponde a las Cortes. Tampoco es un acto en el que se responsabilice de que el texto presentado a su firma coincide con el aprobado por el Congreso, ni que éste ha guardado las formas a que le obliga el artículo 20 de la Constitución en relación con las enmiendas del Senado, responsabilidad que, de haberla, correspondería al Presidente de las Cortes, así como sería eventualmente responsabilidad del Jefe de Gobierno presentar a la firma de Su Majestad un proyecto de ley orgánica antes de que transcurran los tres días necesarios para presentar el recurso previo de inconstitucionalidad. Como consecuencia de todo ello, la sanción significa un acto formal por parte del Rey en el que testimonia que el Presidente del Gobierno le ha presentado a su firma un texto aprobado definitivamente por el Congreso, razón por la cual se ha afirmado (vid. entre otros, BIEHL: *Die Gegenzeichnung im parlamentarischen Regierungssystem...*, Berlín, 1971) que el régimen parlamentario ha producido «un cambio de papeles en materia de refrendo entre el Jefe del Estado y el Ministro», es decir, es el Jefe del Estado quien refrenda, en realidad la firma del ministro, bien que, en virtud de las razones antedichas, sin hacerse responsable de ello. El acto de la sanción, es decir, de la firma por parte del Rey, perfecciona la ley o, más bien, convierte en ley un proyecto de ley y viene a ser la integración y culminación de tres actos: i) un acto de decisión legislativa que pertenece a las Cortes; ii) un acto del Presidente del Gobierno que, en tanto que vínculo normal entre el Rey y las Cortes, presenta a Su Majestad el texto de ley aprobado por éstas; iii) un acto formal destinado a constatar que existe una decisión legislativa de las Cortes que le ha sido transmitida a través del Presidente del Gobierno y en virtud de la cual el proyecto queda convertido en ley. Dicho de otro modo, la sanción es la culminación y legitimación del proceso legislativo y mediante la cual la decisión de un órgano, las Cortes, se integra en la totalidad del Estado y vincula a los otros órganos, con reserva de las atribuciones del Tribunal Constitucional.

c) Reserva del caso excepcional

Pero hay que advertir que las reflexiones que hemos venido haciendo y las conclusiones a que hemos llegado en virtud de ellas tienen, en primer lugar, carácter abstracto y genérico, es decir, no se refieren a la procedencia o improcedencia del ejercicio de la atribución de sanción en un caso concreto y, en segundo lugar, suponen situaciones normales en las que están funcionando los órganos constitucionales en el sentido previsto por la Constitución, es decir, con su composición y actuación legítimas.

Sin embargo, otra cosa sería el ejercicio de la sanción atribuida al Rey en una situación verdaderamente excepcional, imprevisible de antemano en la que los poderes públicos hubieran sido ocupados total o parcialmente por portadores ilegítimos o cuando se tratara de leyes o actos manifiestamente e inmediatamente anticonstitucionales por su forma o contenido, pues, en tales supuestos, no tendría sentido que una interpretación de la Constitución pensada y construida para circunstancias normales fuera aplicada a un caso rigurosamente excepcional que dicha interpretación no ha podido tomar en cuenta, ni que tuviera como resultado contribuir a la destrucción del orden constitucional o de los supuestos de su existencia.

Más bien estimamos que, en casos excepcionales de tal naturaleza en los que puede estar en cuestión la vigencia de la Constitución como un todo, la unidad indisoluble de la Nación o la existencia misma del Estado, el Rey no sólo podría, sino que eventualmente debería negar la sanción a una ley o a un acto con fuerza de ley que atentara manifiesta o inmediatamente contra tales bienes, pues, entonces, ya no se trataría de ponerse al lado de un partido frente a otro, sino de defender la totalidad constitucional, estatal o nacional frente a una facción, ya no se trataría de favorecer a una legalidad frente a otra posible legalidad, sino de defender la legitimidad frente a la ilegitimidad. Ser el polo firme en medio del fluir de los fenómenos no implicaría aquí la inhibición, sino la acción decisoria.

Por consiguiente, ante tales casos verdaderamente existenciales, en los que está en juego el ser o no ser del orden constitucional, de la patria o del Estado, sería preciso asumir la responsabilidad histórica, contrapunto de la irresponsabilidad constitucional, volviendo al sentido originario del concepto de sanción que, por lo mismo que ha cambiado a través del curso histórico, puede recobrarse circunstancialmente ante una concretísima contingencia histórica. Ello iría apoyado desde el punto de vista jurídico positivo no sólo en la literalidad de los artículos 62 y 91, sino también en el deber del Rey de guardar y hacer guardar la Constitución y en su carácter de símbolo de la unidad y permanencia del Estado.

En este sentido cabe distinguir —como he dicho en otro lugar— entre las atribuciones y funciones simbólicas del titular de la Corona y las que le corresponden como órgano del Estado, dentro de las cuales cabría aún distinguir entre las funciones formales o de ratificación y las funciones materiales o de decisión (bien entendido que el ejercicio de una misma atribución puede tener uno u otro carácter según las circunstancias). En todo caso y hablando en términos generales, puede afirmarse que las funciones materiales o de decisión no deben constituir tanto un poder de ejercicio normal cuanto una reserva de poder que ni siquiera en la arquetípica constitución británica le ha sido negada al titular de la Corona por la doctrina de los tratadistas. Así, es opinión dominante que el Rey puede negar al Primer

Ministro la disolución del Parlamento cuando ello represente un abuso de poder o un peligro para los intereses nacionales, lo que, unido a otros ejemplos, permite afirmar que *there are occasions when the «formal» functions cease to be merely formal* (Jennings) o que los poderes del monarca *although normaly dormant, might be revived in circunstances of serius constitutional crisis* (Hanson), por no citar más que un par de autores.

III. PROMULGACIÓN

En realidad, podríamos haber dado por terminado nuestro trabajo con el estudio de la sanción, puesto que parece claro que si el Rey no puede hacer uso negativo de ella, tampoco pueda hacerlo de la promulgación que o bien, es un acto que sigue automáticamente a la sanción (caso de las monarquías constitucionales tradicionales) o bien la sustituye hasta cierto punto, como es el caso de las repúblicas. Con todo y para mayor información, no consideramos ocioso decir unas palabras sobre el tema.

1.   Desde la Revolución francesa, la doctrina ha entendido generalmente por promulgación el acto del Jefe del Estado, en su función de jefe del poder ejecutivo, por el que se constata y testimonia la existencia de una ley y se ordena su cumplimiento. Dentro del marco del Derecho público de las «monarquías constitucionales», la sanción era el acto final

del proceso legislativo propiamente dicho, ya que el Rey participaba en la potestad legislativa, mientras que la promulgación era el comienzo de la función ejecutiva: testimoniar que existe una ley y ordenar su cumplimiento siendo ambos actos realizados por una misma persona, aunque en funciones o papeles distintos: la sanción en tanto que participante en la potestad legislativa; la promulgación en tanto que cúspide del poder ejecutivo.

2. En el caso de las Repúblicas parlamentarias, el Jefe del Estado carece de atribuciones para sancionar las leyes, aunque suele disponer de la promulgación, la cual puede proporcionarle un control sobre la constitucionalidad o/y oportunidad política de las leyes presentadas a su firma. En efecto, la atribución de promulgación suele ir unida a la posesión de un veto suspensivo, diferenciándose de la sanción en cuanto que ésta implica un veto absoluto. A título de ejemplo nos referiremos al Presidente de la República Italiana y al de la República Federal Alemana.

Según el artículo 73 de la Constitución italiana, «las leyes serán promulgadas por el Presidente de la República dentro del mes siguiente a su aprobación», pero, de acuerdo con el artículo 74, «antes de promulgar la ley podrá, mediante mensaje razonado, pedir a las Cámaras una nueva deliberación. Si las Cámaras aprueban nuevamente la ley, ésta deberá ser promulgada». Es decir, en Italia la facultad de hacer uso negativo de la atribución de promulgar y su correlativo veto suspensivo están expresamente establecidos por la Constitución, lo que no es el caso de España.

Algo más compleja es la cuestión en la República Federal Alemana. El artículo 82 establece: «Las leyes que se aprueben [por las Cámaras] con arreglo a los preceptos de la presente Ley Fundamental serán promulgadas por el Presidente Federal». La Constitución no establece veto de ninguna especie, pero fundamentándose en que el mencionado artículo 82 dice: «que se aprueben con arreglo a los preceptos de la presente Ley Fundamental», se ha admitido por la doctrina y la práctica alemanas que el Presidente Federal tiene no sólo el derecho, sino también el deber de comprobar si la ley sometida a su promulgación cumple con las condiciones exigidas por la Ley Fundamental. Y, en efecto, el Presidente se ha negado más de una vez —al menos cinco— a la promulgación de ciertas leyes. Los tratadistas alemanes se han cuidado de señalar que esta atribución del Presidente, sustentada sobre la comprobación de si la ley es o no constitucional no invade las facultades del Tribunal Constitucional y ello por dos razones: i) porque este Tribunal es competente para entender de la constitucionalidad de las leyes por la vía del recurso *a posteriori*, es decir, una vez que la ley, tras de su promulgación ha entrado en vigor, pero no lo es para impedir que una ley todavía no promulgada y dudosamente constitucional pase a formar parte del orden jurídico, función que, en cambio, puede y debe ser cumplida por el Presidente Federal; ii) porque en virtud de los artículos 63 y siguientes de la Ley sobre el Tribunal Constitucional, en relación con el artículo 93.1.1 de la Ley Fundamental, tanto la Cámara Federal como la Cámara Popular y el Gobierno Federal, es decir, los tres órganos que participan en el proceso legislativo, pueden plantear ante el Tribunal Constitucional un conflicto entre órganos del Estado si están disconformes con la negativa del Presidente a promulgar la ley, es decir, la acción de éste no es definitiva, sino que puede depender de la decisión del Tribunal Constitucional por la vía de un conflicto entre órganos.

En España las condiciones son distintas, ya que sancionada una ley, la promulgación se impone por sí misma. Por otra parte, el Tribunal Constitucional dispone de atribuciones, siempre que le sea planteado un recurso previo de inconstitucionalidad, para impedir que una ley anticonstitucional pase a formar parte del orden jurídico, es decir, viene, en parte, a cumplir una de las funciones de la sanción en la doctrina de la monarquía constitucional.

ESTUDIO DE CONTEXTUALIZACIÓN

EL REY CONSTITUCIONAL
SEGÚN MANUEL GARCÍA-PELAYO

Javier Tajadura

1. INTRODUCCIÓN

Los tres textos incluidos en este volumen ponen de manifiesto la comprensión que de la posición y funciones constitucionales del monarca albergaba don Manuel García-Pelayo. El primero de ellos es un texto escrito con anterioridad a la aprobación de la Constitución y aborda, con carácter general, la posición que debería atribuírsele a la Corona en el conjunto del sistema constitucional que se pretende construir. Una posición que el autor considera relevante por el decisivo impulso del proceso democratizador llevado a cabo por el Rey Juan Carlos en ese momento «fundacional». Los otros dos textos recogidos en esta obra fueron redactados con posterioridad a la entrada en vigor de la Constitución y se refieren a dos cuestiones concretas relativas a la regulación constitucional de las facultades del monarca y a su ejercicio efectivo. El primero, redactado a finales de 1983, es un dictamen sobre una concreta y precisa función regia —la sanción y promulgación de la ley— prevista en los artículos 62 y 91 CE. El segundo se refiere a la decisiva actuación del Rey el 23 de febrero de 1981 para hacer frente al golpe de Estado militar. Tanto el análisis y valoración de la reacción del Rey ante el golpe y de las decisiones civiles y militares adoptadas el 23 y 24 de febrero de 1981, como la interpretación del significado y alcance de la facultad regia de sanción de la ley prevista en el artículo 62 CE conectan con la tesis defendida en el primero de los textos según la cual el Rey constitucional es depositario de una «reserva de poder» que sólo debe ejercerse en situaciones verdaderamente excepcionales que supongan un riesgo existencial para la supervivencia del Estado Constitucional.

En los tres textos es claramente perceptible la huella e influencia del pensamiento de Carl Schmitt. En primer lugar, por la importancia que reviste la distinción entre situación de normalidad/ situación excepcional en la interpretación de la posición y funciones del Rey llevada a cabo por García-Pelayo. En segundo lugar, por la atribución al

Rey de una función de defensa de la Constitución implícita en su juramento de guardar y hacer guardar la Constitución.

Las «Consideraciones sobre la Constitución política de España» escrito en el otoño de 1977 inciden en las cuestiones centrales y nucleares que habrán de abordar las Cortes que ese mismo verano se habían autoproclamado constituyentes. García-Pelayo subraya la urgencia que reviste la aprobación de una Constitución para España. La Constitución permitirá enfrentar «con autoridad, certidumbre jurídica y bases políticas sólidas un conjunto de problemas esenciales de la vida política española cuya resolución no admite demora» y contribuirá a que se resuelvan «según pautas objetivas». En definitiva, la Constitución estabilizará la política. Ahora bien, al mismo tiempo, García-Pelayo relativiza la importancia del Texto Constitucional en la medida en que no es más que una parte de un sistema constitucional. Sistema cuya significación efectiva depende de otros factores: los partidos políticos y de las actitudes políticas de la población. La vigencia del orden constitucional depende «del grado de consenso o antagonismo entre los partidos políticos».

Con estas premisas, García-Pelayo propugna la elaboración de una Constitución breve que se ocupe «de los problemas y procedimientos verdaderamente fundamentales» y deje «su ulterior complementación a unas leyes constitucionales, cuya propuesta y aprobación requerirían mayorías y métodos especiales». Esta distinción entre Constitución y leyes constitucionales (tributaria también de Carl Schmitt) implica que el consenso constitucional debe prolongarse en el tiempo. Finalmente, el Texto Constitucional no incluyó la categoría de leyes constitucionales (ni siquiera para los Estatutos de Autonomía) y se limitó a recoger la de ley orgánica reservada para la regulación de materias de relevancia constitucional y cuya aprobación requiere mayoría absoluta.

García-Pelayo defiende la superioridad del orden constitucional como «un sistema democrático y libre (que) se revela no sólo como el más deseable por sus valores intrínsecos, sino también como el más eficaz para la verdadera integración de la sociedad nacional y para el desarrollo económico y social». Y apuesta por un «Estado fuerte y eficaz» bien que sometido a los debidos límites y fiscalizaciones. Sus observaciones sobre los derechos fundamentales, el Parlamento o la organización territorial tienen plena vigencia. Pero lo que me importa destacar es la importancia que en la teoría constitucional de García-Pelayo tiene la función de integración de la Constitución en tanto instrumento estabilizador de la política. Es en relación con esa función de integración donde el papel constitucional de la Corona y la figura del Rey asumen un protagonismo destacado como puede comprobarse en las «consideraciones» y en los otros dos textos incluidos en este volumen. El planteamiento de García-Pelayo se revela así tributario de la teoría constitucional de Rudolf Smend, quien —junto con el ya citado Carl Schmitt— es el principal referente de su pensamiento constitucional en general, y de su comprensión de la posición y funciones de la Corona en particular.

Desde esta óptica, los tres inéditos contenidos en este volumen revisten un extraordinario interés. Por un lado, porque revelan la idea que García-Pelayo tenía sobre la posición y funciones del Rey constitucional. Por otro, porque, aunque algunas de sus ideas no fueron recogidas por nuestro constituyente (por ejemplo, la atribución al monarca de la facultad de nombrar al presidente), otras sí lo fueron y en estos textos está la interpretación que García-Pelayo hace de esas disposiciones.

De la lectura conjunta de los tres escritos incluidos en esta obra cabe deducir estas diez tesis de García-Pelayo sobre la posición y funciones del Rey constitucional. Primera: el Rey tuvo un papel clave en el impulso del proceso democratizador de España y su actuación en el momento fundacional del régimen va a determinar su posición constitucional. Segunda: la Corona es una pieza clave del orden constitucional, verdadera clave de bóveda del sistema. Tercera: la Corona se legitima no sólo democráticamente —por su inclusión en la Constitución—, sino también funcionalmente. Cuarta: el Rey constitucional es un Rey neutral, pero no neutralizado[1]. Quinta: frente a la común afirmación de que el Rey sólo dispone de *auctoritas*, García-Pelayo considera

---

[1] Esta distinción ha sido formulada y desarrollada después por el director de esta colección, GARCÍA, E.: «El Rey neutral: la plausibilidad de una lectura democrática del artículo 56.1 de la Constitución», en *Teoría y Realidad constitucional*, n.º 34, 2014.

que el Rey también tiene *potestas* y por ello reco-
mienda «no cicatear las atribuciones necesarias para
que la Corona pueda cumplir sus funciones». Sexta:
García-Pelayo propugnó atribuir al Rey la facultad
de nombrar al presidente del Gobierno sin necesidad de procedimiento de investidura. Séptima: la
Corona es un símbolo e instrumento de integración
política. Octava: el Rey dispone de una «reserva de
poder» que puede ejercer en situaciones excepcionales. Novena: el Rey tiene una función de defensa
de la Constitución —en el sentido schmittiano del
término— que se deriva de su juramento de guardar
y hacer guardar la Constitución, por lo que su actuación el 23 de febrero tiene una cobertura constitucional expresa. Décima: el Rey tiene la posibilidad
de negar la sanción de una ley en supuestos verdaderamente excepcionales.

2. LA LEGITIMIDAD FUNCIONAL
   DE LA CORONA

En su comprensión de la posición y significado
constitucional de la Corona, así como de su legitimidad
y funciones, García-Pelayo es directamente tributario
de los planteamientos doctrinales de Benjamin Constant, Rudolf Smend y Carl Schmitt. A Constant debe
el novedoso planteamiento de la legitimidad de la monarquía en clave funcional y no histórica; y a Smend y
a Schmitt, la significación de las funciones atribuidas
al monarca de integración y defensa de la Constitución.

En primer lugar y tal y como nos recordara Gu-
glielmo Ferrero[2], García-Pelayo advierte que «ningún sistema político, ni ninguna institución se basan en un solo principio de legitimidad, sino en un
sistema de principios de legitimidad». En este contexto, en el sistema de legitimidad de la Monarquía
en la España de 1977 tiene especial relevancia el
«principio de legitimidad funcional» que define
como «el de aquella institución cuya existencia y
acción constituyen una aportación necesaria o, más
aún, esencial para el mantenimiento renovado de
un sistema». García-Pelayo se lo dice al Rey: «Sin la
acción de Vuestra Majestad no se hubieran obtenido los éxitos alcanzados en el proceso de democratización español, ni éste hubiera obtenido la confianza generalizada en el extranjero». A esta función
esencial de impulso en el momento fundacional del
régimen, García-Pelayo añadirá otras que deberían
concretarse en el Texto Constitucional.

El principio de legitimidad funcional tiene su
origen en la construcción doctrinal alumbrada por
Benjamin Constant del monarca como poder neu-
tro, dotado de funciones moderadoras o arbitrales
imprescindibles para garantizar el regular funcionamiento del sistema[3]. Esta idea sí que tendrá refle-

---

[2] La legitimidad no es un principio abstracto; es una fórmula en
la que participan diferentes principios y valores que incluso pueden
resultar teóricamente incompatibles entre sí. FERRERO, G.: *Poder. Los
genios invisibles de la ciudad*, Tecnos, Madrid, 2022.

[3] CONSTANT, B.: *Una Constitución para la República de los Mo-
dernos. Fragmentos de una obra abandonada sobre la posibilidad de
una Constitución Republicana en un gran país*, Tecnos, Madrid, 2013.

jo en el texto constitucional. Así lo ha recordado en numerosas ocasiones el ponente constitucional Herrero de Miñón, al explicar el significado y alcance de la cláusula definitoria de la jefatura del Estado contenida en el artículo 56: «el Rey arbitra y modera el funcionamiento regular de las instituciones.

En relación con este principio de legitimidad funcional, García-Pelayo advierte que se trata de un principio dinámico y mutable. Depende en todo momento «de las cualidades personales del portador de la Corona, del sistema de creencias vigente y de las circunstancias en que tenga que moverse». Y ello porque dicha legitimidad se basa en la *auctoritas* y ésta a su vez se fundamenta en la neutralidad y en la ejemplaridad. García-Pelayo ha escrito luminosas páginas sobre la *auctoritas* y nos recuerda en el texto la importancia que reviste aquella que emana de las cualidades morales e intelectuales y de la propia conducta del titular de la Corona (*auctoritas* personal), mucho más relevante que la que emana de la propia institución (*auctoritas* hiopostática o adscriptiva).

La segunda advertencia con relación a la funcionalidad de la Corona consiste en distinguir con claridad la categoría de la funcionalidad de la idea de instrumentalidad. Son conceptos que no deben confundirse: «el instrumento es algo pasivo que no actúa por sí mismo, sino que se lo manipula» mientras que la funcionalidad «implica un componente necesario de un sistema, un factor regulador que, dados ciertos supuestos, actúa por sí mismo». Por otro lado, mientras que la instrumentalidad es transitoria, la funcionalidad es permanente.

Estas cuatro palabras «actúa por sí mismo» son reveladoras de la posición que García-Pelayo atribuye al monarca. No lo considera un mero símbolo del Estado y de la Nación (lo cual ya es mucho para un buen conocedor del significado y efectos de los símbolos como era García-Pelayo), sino también un actor fundamental del sistema constitucional. Un actor no partidista pero dotado de unas funciones imprescindibles para el eficaz funcionamiento, la permanencia y la continuidad del orden constitucional.

En definitiva, al ser la monarquía funcionalmente necesaria para el sistema, «la Constitución —concluye el autor en 1977— ha de reconocer sin reticencias a la institución monárquica». Las objeciones que puedan hacer algunos partidos en nombre de una «racionalidad abstracta» deben ceder «no tanto ante el oportunismo, cuanto ante la racionalidad histórica, única que asegura la firmeza de los regímenes políticos».

Finalmente, y frente a la discusión en torno a si la Monarquía que se establezca en la Constitución debe ser considerada una monarquía instaurada o restaurada, García-Pelayo formula la tesis de la *renovatio monarchie*, la Monarquía parlamentaria es una «monarquía renovada [...] una monarquía de nueva forma y espíritu, remozada y adaptada al cambio de los tiempos».

3. LAS FUNCIONES DE LA CORONA Y LA «RESERVA DE PODER»

A la hora de determinar en el Texto Constitucional las concretas potestades que ha de tener el Rey, García-Pelayo afirma que el sistema nórdico, junto con el británico, belga y holandés debe ser el modelo a tener en cuenta por el constituyente. Y ello implica «no cicatear las atribuciones necesarias para que la Corona pueda cumplir sus funciones». «Es de esperar —advierte García-Pelayo mientras las Cortes constituyentes están elaborando la Constitución— que las potestades del Rey adquieran la significación que hoy tienen en las monarquías occidentales, con el consiguiente beneficio para las instituciones democráticas y para la estabilidad de la Corona». Entre esas potestades debe incluirse la necesaria actuación como «regulador» frente a los excesivos poderes del jefe del Gobierno. Algunas de estas funciones «deben ser ejercidas lo menos posible y otras lo más discretamente posible». El ejercicio de todas ellas requiere «su imparcialidad ante las fuerzas políticas y la asunción de una actitud que, si quizá no siempre puede ser neutral, sí ha de ser no beligerante».

García-Pelayo formula una tipología de las funciones regias, distinguiendo en primer lugar las atribuciones de carácter simbólico y representativo, «que son no sólo de primera importancia, sino el supuesto para el ejercicio de las demás», de las facultades regias vinculadas a su condición de órgano (jefatura del Estado) del sistema institucional. Dentro de estas últimas cabe hacer otra importante distinción entre «funciones formales o de ratificación y las funciones materiales o de decisión».

Por lo que se refiere a las funciones simbólicas, García-Pelayo propone el siguiente precepto: «El Rey representa a la Nación española». Se refiere con ello a que da presencia visible a algo que es invisible, integra una pluralidad difusa en una unidad concreta. Y desde esta óptica, la Corona «contribuye poderosamente al proceso de integración nacional». La consideración de la jefatura del Estado —y singularmente la monárquica— como un factor de integración personal era algo que ya había apuntado Smend[4]. Ahora bien, y esto es algo que conviene subrayar, junto a esta contribución a la integración, el carácter representativo de la Corona despliega otro decisivo efecto: «neutralizar el fenómeno nada deseable, pero posible, de que en esta época de políticos *stars*, alguno o alguno de ellos asumieran una excesiva representatividad, incompatible con el pluralismo democrático». Con gran lucidez, García-Pelayo ve en la Corona un factor moderador de la potencial deriva cesarista o caudillista del régimen, y desde esta óptica subraya la superioridad de los regímenes parlamentarios respecto a los presidencialistas.

Las funciones materiales o de decisión del Rey son las que permiten a García-Pelayo configurar la

---

[4] SMEND, R.: «Constitución y Derecho Constitucional», en *La controversia Smend/Kelsen sobre la integración en la Constitución y el Estado durante la República de Weimar: Constitución y Derecho constitucional* versus *El Estado como integración*, Tecnos, Madrid, 2019.

Corona como una «reserva de poder» que se activa en situaciones excepcionales. Este concepto inicialmente formulado en 1977 es uno de las más relevantes para comprender la posición del Rey: «Las funciones materiales o de decisión no deben constituir tanto un poder de ejercicio normal cuanto una reserva de poder que ha de entrar en acción cuando lo requieran la gravedad o el carácter decisivo o excepcional de las circunstancias, una reserva de poder que ni siquiera en la arquetípica constitución británica le ha sido negada al titular de la Corona por la doctrina de los tratadistas». Sobre el carácter excepcional del recurso a esta reserva, añade: «Se trata de una reserva de poder que, como toda reserva, debe ser utilizada lo menos posible y cuyo desacertado uso puede encerrar riesgos incalculables». A la hora de formular el fundamento y la traducción jurídica de esa reserva de poder, García-Pelayo propone el siguiente precepto: «El Rey ejerce sus potestades con arreglo a la Constitución, a la que guardará y hará guardar». Esto equivale, como veremos después, a atribuir directamente al Rey un papel de guardián de la Constitución, en el sentido schmittiano del término.

Al margen de esta reserva de poder, la principal facultad que García-Pelayo propone atribuir al Rey es el nombramiento del presidente del Gobierno. En las «Consideraciones...» García-Pelayo propugna diseñar un sistema parlamentario de gobierno de doble confianza. Con meridiana claridad afirma: «Es evidente que el Rey no podrá nombrar a un presidente del Gobierno que no cuente con una mayoría parlamentaria, pero es no menos evidente que el Parlamento no puede imponer al Rey un jefe de Gobierno». Se muestra por ello radicalmente contrario al establecimiento de un proceso de investidura. En la medida en que un Gobierno que no tenga la confianza de las Cámaras no podría gobernar no ve utilidad alguna en un acto formal de ratificación del nombramiento regio. La aprobación por los grupos parlamentarios se obtendría mediante las consultas previas al nombramiento efectuadas por el Rey. El constituyente se apartó notablemente de esta propuesta y atribuyó al Rey únicamente la propuesta de un candidato. El nombramiento de candidato se considera en nuestro sistema la principal función arbitral atribuida al Rey. La defensa de la atribución al Rey de la facultad de nombramiento del presidente conduce a García-Pelayo a rechazar la inclusión en el Texto Constitucional de la moción de censura constructiva. La considera incompatible con el régimen monárquico: «se impondría al Rey un jefe de Gobierno en cuya designación no ha tenido ni siquiera una iniciativa formal, podría crear una tensión, e incluso un conflicto entre el Parlamento y el jefe del Estado y entre éste y el presidente del Gobierno». El constituyente también se apartó en este punto de las tesis de nuestro autor.

Otras funciones del Rey en relación con el Gobierno, pero a propuesta del presidente, deberían ser a juicio de García-Pelayo: nombrar y destituir a los ministros; disolver el Parlamento; proclamar el

estado de excepción bajo las condiciones establecidas en la Constitución. El Texto constitucional debería recoger también entre las funciones regias el
mando supremo de las Fuerzas Armadas y las que
le corresponden en política internacional como representante de la nación: acreditar y recibir embajadores, etc.

La facultad de nombramiento y cese de los ministros, a propuesta del presidente, merece una especial
atención por dos motivos. Porque esa función regia
fue incluida en el artículo 62 y 98 de la CE y porque
en el dictamen sobre el proyecto de Constitución realizado por encargo del grupo parlamentario de UCD
en el Senado y anteriormente publicado en esta colección[5], García-Pelayo interpretó el precepto en el
sentido de que el Rey podría vetar —en supuestos
excepcionales— un nombramiento ministerial: «So-
mos de la opinión de que el proyecto constitucional
establece los supuestos para un presidente fuerte en
cuanto que le atribuye la dirección del Gobierno y la
coordinación de las funciones de sus restantes miembros, lo que equivale a otorgarle poderes de estruc-
turación y ordenación internas: designa a los ministros, sin más límite que el posible veto del Rey (pues
"proponer" no es decidir sobre un nombramiento,
sino sugerir un nombramiento del que la autoridad
a la que se le propone puede disentir, tal como se
muestra patentemente en el art. 93.1)».

---

[5] García-Pelayo, M.: *Inédito sobre la Constitución de 1978*, Tecnos, Madrid, 2021, p. 26.

El apartado relativo a las funciones del Rey concluye con la atribución al mismo de la facultad de
sancionar y promulgar las leyes con indicación expresa de que «puede devolver un proyecto de ley si
no se adapta formalmente a los preceptos constitucionales; de su adaptación material debe cuidar
el Tribunal Constitucional». Queda claro así que
para García-Pelayo al Rey no se le debe atribuir
ningún derecho de veto, ni tampoco le corresponde controlar la constitucionalidad material de las
leyes. La indicación sobre el respeto a la forma parece referirse a supuestos evidentes de vulneración
del procedimiento. Esto implica adaptar los planteamientos de Constant al constitucionalismo democrático. Si aquel definió al poder moderador
como un árbitro jurídico, esto es, como una suerte
de juez de los demás poderes, resulta evidente que
esa función la desempeñan ahora los tribunales
constitucionales. El arbitraje regio no es jurídico
sino político y en la CE de 1978 su principal mani-
festación consiste en la propuesta al Congreso de
un candidato a presidente del gobierno, ya que el
nombramiento directo por parte del Rey propug-
nado por García-Pelayo fue desestimado. En todo
caso, García-Pelayo era plenamente consciente del
desdoblamiento de la *auctoritas* que se produjo
como consecuencia del establecimiento de los tribunales constitucionales.

El último de los escritos contenidos en este volumen tiene por objeto el examen de esta concreta
función atendiendo al Derecho comparado, al cons-

titucionalismo histórico español, a la doctrina de los tratadistas y al Derecho constitucional positivo.

4. LA SANCIÓN DE LA LEY

El dictamen sobre la sanción comienza con unas luminosas e imprescindibles consideraciones sobre interpretación constitucional. Por un lado, García-Pelayo recuerda que ningún precepto puede ser interpretado de forma aislada, sino en conexión con los demás y con la totalidad de la Constitución. Por otro, advierte de la historicidad de los conceptos jurídico-políticos. Y, finalmente, recuerda que existen casos o situaciones concretas no subsumibles en los esquemas de interpretación abstracta: «no es menos posible que el caso concreto planteado transcurra dentro de un marco constitucional y político que difiera del previsto como normal en el orden constitucional. Bajo tal supuesto podría llegarse a consecuencias interpretativas distintas de aquellas a las que ha conducido el pensamiento abstracto». La interpretación y aplicación de un precepto para un caso excepcional difiere de la procedente para una situación de normalidad. La exégesis que García-Pelayo realiza del artículo 62.*a*) CE que dispone que corresponde al Rey sancionar y promulgar las leyes tiene muy en cuenta los tres criterios u observaciones hermenéuticas mencionadas.

García-Pelayo examina el origen y la evolución histórica del concepto y de la praxis de la sanción de la ley en el Derecho constitucional comparado y en la doctrina de los tratadistas. La sanción es el derecho de una autoridad —normalmente el jefe del Estado— a dotar de imperatividad a normas aprobadas por el parlamento, convertir en ley lo que hasta entonces era un proyecto de ley. Entre los tratadistas mencionados merece destacar la opinión de don Nicolás Pérez Serrano, por su claridad y profundidad: «la sanción es en las monarquías constitucionales lo que otorga plena virtualidad jurídica a las leyes votadas por las Cámaras, proporcionando perfección jurídica y obligatoriedad a lo que hasta entonces es un simple proyecto de ley». Pérez Serrano afirmaba la posibilidad de negar la sanción «atendiendo a razones supremas de interés nacional y arrostrando la impopularidad de una negativa». La posición de García-Pelayo en este tema va a coincidir básicamente con la del otro gran maestro del constitucionalismo español de la pasada centuria. Una vez expuestos estos antecedentes, García-Pelayo menciona las cualificadas interpretaciones del precepto que nos ocupa realizadas por Manuel Aragón y Eduardo García de Enterría que sostienen que la imperatividad del artículo 91 implica que el Monarca está obligado siempre a conceder la sanción sin que deba en modo alguno denegarla. La conclusión de García-Pelayo es similar pero no idéntica.

La necesidad de proceder a una interpretación sistemática de los preceptos reguladores de la sanción de las leyes le lleva a partir del artículo 1.3 que dispone que la forma política del Estado es la Monarquía parlamentaria. Se trata de una «decisión política fundamental, un precepto jurídico-político que genera y da sentido a otros, entre ellos el alcance efectivo de la sanción». García-Pelayo descarta que, en un régimen parlamentario con jurisdicción constitucional como es el caso de España, la sanción pueda contemplarse como una defensa frente a la posible inconstitucionalidad de la ley. La existencia de una jurisdicción constitucional priva a ese argumento de sentido. Y si el Rey no puede controlar la constitucionalidad de la ley mucho menos podría rechazar la sanción por razones de oportunidad. «Sólo la mayoría parlamentaria —advierte García-Pelayo— puede decidir sobre la oportunidad política».

La interpretación de estos preceptos por parte de García-Pelayo es por ello similar a la de los tratadistas citados y es muy contundente. En última instancia, la admisión de la posibilidad de negar la sanción supondría colocar al Rey en el escenario de la lucha política y destruiría su neutralidad: «La negativa por parte del Rey a sancionar una ley podría lesionar gravemente su posición como una instancia neutral y permanente en medio de la mutabilidad de las mayorías parlamentarias y de las polémicas de los partidos políticos» y erosionaría y dañaría también «su carácter de símbolo representativo de la unidad y permanencia del Estado, y no está excluido que se le asociara a una fracción parlamentaria [...] a una parte de la totalidad nacional frente a otra parte». Para que no quede ninguna duda al respecto, nuestro autor concluye que «una negativa de sanción por parte del Rey entrañaría el riesgo de su enfrentamiento con las Cortes, de la dimisión de un Gobierno que cuenta con la confianza del Parlamento y, en resumen, llevaría a un conflicto constitucional de difícil solución».

Ahora bien, una vez expuesto todo lo anterior García-Pelayo incluye un apartado que lleva por rúbrica «reserva del caso excepcional» y en él se hace eco de la tesis de Pérez Serrano. Esta tesis según la cual la sanción es un acto formal que implica «la culminación y legitimación del proceso legislativo y mediante la cual, la decisión de un órgano, las Cortes, se integra en la totalidad del Estado y vincula a los otros órganos, con reserva de las atribuciones del Tribunal Constitucional» es una interpretación general y abstracta a la que cabe hacer una doble salvedad. En primer lugar, no se refieren a la procedencia o la improcedencia del ejercicio de la atribución de la sanción en un caso concreto. Y, en segundo lugar, suponen «situaciones normales en las que están funcionando los órganos constitucionales en el sentido previsto por la Constitución, es decir, con su composición y actuación legítimas». Lo anterior quiere decir que ante un caso concreto en una situación verdaderamente excepcional la interpretación anteriormente expuesta no resultaría procedente. En el supuesto de que «los poderes públicos hubieran sido ocupados total o parcialmente por portadores ilegítimos» o en el caso de «leyes o actos manifiesta e inmediatamente anticonstitucionales por su forma o contenido» resultaría completamente absurdo aplicar una interpretación pensada y construida para circunstancias normales.

En definitiva, dentro de la reserva de poder y de la función de guardián de la Constitución que ésta atribuye al Monarca como consecuencia de su juramento, García-Pelayo defiende la facultad regia de negar la sanción como una potestad material y decisoria que sólo puede ser ejercida en casos excepcionales. Y consciente de la trascendencia y de las imprevisibles consecuencias de una tal negativa, limita su posibilidad a aquellos «casos excepcionales de tal naturaleza en los que puede estar en cuestión la vigencia de la Constitución como un todo, la unidad indisoluble de la Nación o la existencia misma del Estado». En cualquiera de esos tres supuestos de amenaza existencial para la supervivencia de la Constitución, la Nación o el Estado, el Rey «no sólo podría, sino que debería negar la sanción a una ley que atentara manifiesta e inmediatamente contra tales bienes». Y con ello no pondría en cuestión en modo alguno su neutralidad. Con esa negativa, el Monarca no se estaría poniendo al lado de un partido frente a otro, sino que estaría defendiendo «la totalidad constitucional, estatal o nacional frente a una facción».

Ninguna duda cabe que para García-Pelayo de la misma forma que para Carl Schmitt[6] o Giorgio

---

[6] SCHMITT, C.: «El defensor de la Constitución», en *La polémica Schmitt/Kelsen sobre la justicia constitucional*, Tecnos, Madrid, 2009.

Lombardi[7], el Rey es el guardián de la Constitución y la negativa a sancionar una ley en estos supuestos es una facultad que sólo puede ser cabalmente comprendida como una función de defensa de la Constitución. García-Pelayo advierte expresamente que ante tales casos verdaderamente existenciales se vuelve al sentido originario de la sanción que «puede recobrarse circunstancialmente ante una concretísima contingencia histórica». Y subraya que esa posibilidad encuentra un fundamento jurídico constitucional de Derecho positivo tanto en la literalidad de los artículos 62 y 91 como en el deber del Rey de guardar y hacer guardar la Constitución y en su carácter de símbolo de la unidad y permanencia del Estado.

5.   EL 23F Y EL REY COMO DEFENSOR DE LA CONSTITUCIÓN

En el segundo de los textos incluidos en este volumen «Consideraciones jurídico-constitucionales sobre la actuación de S.M. el Rey con ocasión de los acontecimientos del 23/24 de febrero», García-Pelayo examina la actuación del Monarca y subraya que ésta fue un claro ejemplo de ejercicio de la reserva de poder y de la función de defensa de la Constitución que el Texto de 1978 atribuye a la Co-

---

[7] LOMBARDI, G.: «Estudio preliminar» a *La polémica Schmitt/Kelsen sobre la justicia constitucional*, Tecnos, Madrid, 2009.

rona. Frente a quienes defienden y aplauden el comportamiento del Rey Juan Carlos I por su eficaz resultado de salvaguarda del orden constitucional, pero consideran que la actuación del Rey en defensa de la Constitución se realizó al margen de aquélla, García-Pelayo explica cómo el Rey defendió la Constitución ejerciendo las funciones y atribuciones que para casos excepcionales la Constitución le atribuye.

El punto de partida de su dictamen es la consideración de lo ocurrido el 23 de febrero de 1981 como una «situación excepcional» que era preciso afrontar por tanto también con «medidas excepcionales». La situación excepcional se caracteriza desde un punto de vista político por la presencia real de serios peligros para la existencia del Estado, o del orden o seguridad públicos que no pueden ser conjurados con los medios establecidos en el ordenamiento para tiempos normales. Desde un punto de vista constitucional se define como aquel estado de cosas que impide la vigencia efectiva de las normas constitucionales y/o el funcionamiento normal de las instituciones.

García-Pelayo nos recuerda como en un primer momento la doctrina constitucional consideró que las medidas excepcionales para hacer frente a esas situaciones estaban al margen del Derecho. Ahora bien, esa concepción está ya superada: «la Constitución debe regir y ser conservada no solamente en los tiempos normales, sino también en situaciones excepcionales, de necesidad o de crisis» y para ello encontramos en el Derecho comparado diversos modelos de regulación de las situaciones y medidas de excepción. Con esas premisas el interrogante al que hay que dar respuesta es si el Rey salvó la Constitución al margen de ella o apoyado en sus preceptos y ejerciendo las funciones que aquélla le atribuye. La respuesta positiva es para García-Pelayo evidente. La actuación del Rey se apoyó en cinco preceptos constitucionales: artículos 61, 56.1, 8, 62.*h*) y 56.3, aunque no todos resultan igualmente relevantes. Baste recordar aquí la importancia que reviste el juramento previsto en el artículo 61 para todo el razonamiento. El artículo 61 impone al Rey el deber de guardar y hacer guardar la Constitución. El hecho de que este deber se incluya en la fórmula del juramento acrecienta su relevancia jurídica. «El juramento —advierte García-Pelayo— no está fuera del ordenamiento jurídico sino contenido en él». Y la conducta a la que compromete no es extraña al orden jurídico por lo que el deber de hacer guardar la Constitución es un auténtico deber jurídico. En este contexto, la conclusión que cabe extraer de ello es clara: «Si la Constitución hace prestar el juramento de hacerla guardar, la misma Constitución no puede negarle a quien lo presta los medios para su cumplimiento». Como vimos anteriormente, del juramento se deduce también la reserva de poder que la Constitución confiere al Rey.

El examen de las distintas actuaciones concretas del Monarca en los planos militar y civil, con una muy interesante interpretación del significado y al-

cance del mando supremo de las Fuerzas Armadas
lleva a concluir que «todas las acciones emprendidas por el Rey o por su iniciativa se basaron siempre
y en todo caso en preceptos constitucionales concretos y en la relación entre ellos».

6. CONSIDERACIONES FINALES

Los tres textos que integran este volumen con-
tienen lecciones magistrales impecables, rigurosas
y profundas, que abordan cuestiones básicas del Derecho constitucional: la importancia relativa de la
Constitución, la singularidad de la interpretación
constitucional, la posición constitucional de la Corona en nuestra Monarquía parlamentaria, el significado y alcance de la sanción de la ley, el significado y alcance constitucionales de las situaciones
excepcionales.

García-Pelayo asume la distinción formulada por
Schmitt entre Constitución y leyes constitucionales
y la consideración de aquélla como el conjunto de
decisiones políticas fundamentales adoptadas por
el Poder Constituyente. Desde esta óptica, la opción
por la Monarquía parlamentaria es una de las decisiones nucleares básicas de la Constitución de 1978.
Decisión que se explica y justifica, entre otras cau-
sas, por el relevante papel desempeñado por el Rey
Juan Carlos I en el proceso de democratización. Todos los preceptos constitucionales deben ser inter-
pretados en función de las decisiones políticas fun-

damentales. Esto implica que todas las disposiciones del Título II deben ser interpretadas teniendo en cuenta que la Corona es un elemento esencial del orden constitucional, y clave de bóveda de su sistema político-institucional. García-Pelayo atribuye también a la Constitución una función de integración, en el sentido de Smend, para cuya realización la Corona desempeña un papel fundamental en cuanto símbolo de la unidad y continuidad del Estado, situado más allá de la lucha partidista y del escenario político del pluralismo.

Con esas premisas, el Rey constitucional es según García-Pelayo un Rey neutral pero no neutralizado que en virtud de su juramento asume la condición de supremo defensor político de la Constitución en situaciones de excepción. Para ello, García-Pelayo, atribuye al Rey la titularidad de una «reserva de poder» que sólo debe activarse en «situaciones excepcionales». La negativa a la sanción de una ley que pusiera en cuestión «la vigencia de la Constitución como un todo, la unidad indisoluble de la Nación o la existencia misma del Estado» sería un claro ejemplo de ello. La actuación del Rey durante el golpe de Estado del 23 de febrero de 1981 se explica también desde esas coordenadas. Por otro lado, la *auctoritas* que el Monarca ejerce mediante la influencia es también incompatible con cualquier pretensión de «neutralizar» al Rey porque éste tiene «el derecho a animar la prosecución de unas líneas políticas o de unos programas de gobierno, y el derecho a prevenir sobre los riesgos de ciertas líneas o medidas políticas».

La Constitución de 1978 asumió parcialmente
las tesis del autor, y haciéndose eco de los planteamientos de Constant, introdujo la cláusula definitoria según la cual el jefe del Estado «arbitra y modera el funcionamiento regular de las instituciones».
Introdujo así el principio de legitimidad funcional
de la Monarquía subrayado por García-Pelayo en
sus escritos, según el cual la Corona se legitima por
las funciones que desempeña y que son esenciales
para el correcto funcionamiento y para la propia
supervivencia y continuidad del orden constitucional. En contra de lo defendido por García-Pelayo,
el constituyente no atribuyó al Rey el nombramiento del presidente del Gobierno, pero sí le confirió la
función arbitral de propuesta de un candidato al
Congreso. Y le atribuyó toda una serie de funciones
que encuentran su significado y sentido últimos en
la decisión política fundamental a favor de la Monarquía parlamentaria.

En definitiva, los escritos contenidos en este volumen ponen de manifiesto, por un lado, el rechazo
por parte de García-Pelayo de todas aquellas interpretaciones reduccionistas de la posición del Rey
que pretenden limitar sus funciones al plano de lo
simbólico y lo representativo. Frente a ellas García-
Pelayo sostiene que el Rey constitucional tiene *auctoritas* y *potestas*. Y, por otro, el reconocimiento de
las insuficiencias y limitaciones del formalismo jurídico para la cabal comprensión de la posición de
la Corona en el sistema constitucional: «más allá de
sus funciones específicas y concretas de un orden

político, tiene algunas que son intelectualmente inasibles y jurídicamente informulables y cuya significación depende de las cualidades personales del portador de la Corona, del sistema de creencias vigente y de las circunstancias en las que tenga que moverse».

El formalismo jurídico y el positivismo estricto resultan insuficientes para comprender la posición del Rey constitucional. Esta posición depende —según García-Pelayo—, de tres elementos o factores extrajurídicos: las cualidades personales del monarca, el sistema de creencias vigente y las circunstancias en las que tenga que moverse. Desde esta óptica es obligado concluir este estudio de contextualización advirtiendo que, aunque el Texto Constitucional no ha experimentado reforma alguna en el diseño y regulación de la Corona, los tres factores mencionados han experimentado grandes cambios cuyo alcance y consecuencias no pueden ser aquí abordados, pero sí es obligado dejarlos apuntados. En junio de 2014 se produjo la abdicación de Juan Carlos I —cuyo decisivo protagonismo en el alumbramiento de la democracia siempre destacó García-Pelayo— y la proclamación como Rey de Felipe VI. Durante la primera década de su reinado, Felipe VI ha desempeñado sus funciones de forma ejemplar demostrando su excelente preparación y cualidades. Por lo que se refiere al sistema de creencias vigente, éste ha sufrido una profunda transformación como consecuencia sobre todo del cambio generacional. Baste señalar el formidable y admirable avance producido en el ámbito de la igualdad entre hombres o mujeres, o la creciente sensibilización por la problemática del medio ambiente y el cambio climático. Finalmente, las circunstancias de la última década han sido muy complicadas tanto desde el punto de vista interno (inestabilidad política, investiduras convulsas, mociones de censura destructivas, polarización creciente, ruptura de consensos básicos, etc.) como internacional (auge del populismo, gobiernos iliberales, *brexit*, guerra en Ucrania, etc.).

En este nuevo contexto, las funciones del Rey constitucional según el paradigma de García-Pelayo son más necesarias que nunca para lograr la integración y garantizar la continuidad del orden constitucional.

Madrid, junio de 2024

Títulos publicados
de la colección *Clásicos del Pensamiento*

(04) *Discurso sobre el origen y los fundamentos de la desigualdad entre los hombres y otros escritos,* 5.ª edición
JEAN-JACQUES ROUSSEAU
Estudio preliminar, traducción y notas de A. Pintor Ramos
ISBN: 978-84-309-4258-9

(05) *Del ciudadano y Leviathan*
THOMAS HOBBES
Edición de Enrique Tierno Galván
Traducción de Andrée Catrysse y Manuel Sánchez Sarto
Estudio de contextualización de Richard Tuck
ISBN: 978-84-309-5770-5

(06) *Tratado de la naturaleza humana,* 4.ª edición
DAVID HUME
Edición preparada por Félix Duque
ISBN: 978-84-309-4259-9

(07) *Carta sobre la Tolerancia,* 6.ª edición
JOHN LOCKE
Estudio preliminar y traducción de Pedro Bravo Gala
Estudio de contextualización de John Dunn
ISBN: 978-84-309-4713-3

(08) *Sobre la paz perpetua,* 8.ª edición
IMMANUEL KANT
Presentación de Antonio Truyol y Serra
Edición de Joaquín Abellán García
ISBN: 978-84-309-5582-4

(09) *Poema de Gilgamesh,* 4.ª edición
Edición y traducción de Federico Lara Peinado
ISBN: 978-84-309-4339-0

(10) *El príncipe,* 2.ª edición bilingüe
NICOLÁS MAQUIAVELO
Texto italiano establecido por Giorgio Inglese
Estudio preliminar, traducción y notas de Helena
Puigdomènech
Estudio de contextualización de John G. Pocock
ISBN: 978-84-309-7677-5

(11) *La Metafísica de las Costumbres,* 4.ª edición
IMMANUEL KANT
Estudio preliminar de Adela Cortina
Traducción y notas de Adela Cortina y Juan Conill
Sancho
ISBN: 978-84-309-4342-0

(12) *Libro de los muertos,* 5.ª edición
Estudio preliminar, traducción y notas de Federico
LaraPeinado
ISBN: 978-84-309-4804-8

(13) *Sobre la autonomía política de Cataluña*
MANUEL AZAÑA
Edición de Eduardo García de Enterría
ISBN: 978-84-309-4353-6

(14) *Del sistema penitenciario en Estados Unidos y su apli-
cación en Francia*
ALEXIS DE TOCQUEVILLE y GUSTAVE DE BEAUMONT
Edición y traducción de Juan Manuel Ros Cherta y
Juan Sauquillo González
ISBN: 978-84-309-4352-8

(15) *Meditaciones cartesianas,* 3.ª edición
EDMUND HUSSERL
Edición y traducción de Mario A. Presas
ISBN: 978-84-309-4366-8

(16) *Los seis libros de la República,* 4.ª edición
JEAN BODIN
Edición y traducción de Pedro Bravo Gala
ISBN: 978-84-309-4367-6

(31) *Cartas sobre educación infantil,* 3.ª edición
JOHANN H. PESTALOZZI
Edición y traducción de José María Quintana Cabanas
ISBN: 978-84-309-4419-4

(32) *Sobre la ilustración,* 2.ª edición
MICHEL FOUCAULT
Edición de Javier de la Higuera
Traducción de Javier de la Higuera, Eduardo Bello
y Antonio Campillo
ISBN: 978-84-309-4420-6

(33) *Escritos políticos breves,* 2.ª edición
NICOLÁS MAQUIAVELO
Edición y traducción de M.ª Teresa Navarro Salazar
ISBN: 978-84-309-4422-2

(34) *Las pasiones del alma*
RENÉ DESCARTES
Edición de José Antonio Martínez
Traducción de José Antonio Martínez y Pilar Andra-
de Boué
ISBN: 978-84-309-4423-0

(35) *Catolicismo romano y forma política*
CARL SCHMITT
Estudio preliminar de Ramón Campderrich Bravo
Traducción y notas de Pedro Madrigal
ISBN: 978-84-309-5204-5

(36) *Del gobierno representativo,* 4.ª edición
JOHN STUART MILL
Edición de Dalmacio Negro Pavón
Traducción de Marta C. C. de Iturbe
ISBN: 978-84-309-4424-8

(37) *Teoría de la naturaleza,* 2.ª edición
J. W. GOETHE
Edición de Diego Sánchez Meca
ISBN: 978-84-309-4497-2

(117) *Tres ensayos sobre la religión*
JOHN STUART MILL
Edición, estudio preliminar, traducción y notas de
Carlos Mellizo
ISBN: 978-84-309-5502-2

(118) *La constitución inactuada*
PIERO CALAMANDREI
Estudio preliminar y traducción de Perfecto Andrés
Ibáñez
ISBN: 978-84-309-5734-7

(119) *Libros de Retórica*
Libros I y II
JORGE DE TREBISONDA
Estudio preliminar y traducción de M.ª Asunción
Sánchez Manzano
ISBN: 978-84-309-5735-4

(120) *La naturaleza según sus propios principios*
BERNARDINO TELESIO
Traducción, introducción y notas de Miguel Saralegui
ISBN: 978-84-309-5836-8

(121) *Diálogo entre un filósofo y un jurista y escritos auto-*
biográficos, 3.ª edición
THOMAS HOBBES
Estudio preliminar, traducción y notas de Miguel
Ángel Rodilla
ISBN: 978-84-309-7413-9

(122) *Behemoth*
THOMAS HOBBES
Estudio preliminar, traducción y notas de Miguel
Ángel Rodilla
ISBN: 978-84-309-5796-5

Títulos en preparación

*Terminar la Revolución. La polémica Benjamin Constant/
 Adrien de Lezay-Marnésia*
BENJAMIN CONSTANT y ADRIEN DE LEZAY-MARNÉSIA
Traducción de Ana Portuondo
Estudio preliminar de Eloy García

Discursos sobre las décadas de Tito Livio
NICOLÁS MAQUIAVELO
Estudio preliminar y traducción de Juan Manuel Forte
 Monge
Estudio de contextualización de Félix Gilbert

El arte de la prudencia
BALTASAR GRACIÁN
Estudio preliminar de Elena Cantarino

Sobre los deberes (edición bilingüe)
MARCO TULIO CICERÓN
Edición de José Guillén Caballero
Traducción de José Guillén Caballero